中文社会科学引文索引（CSSCI）来源集刊

珞珈管理评论

LUOJIA MANAGEMENT REVIEW

2022年卷 第1辑（总第40辑）

武汉大学经济与管理学院主办

WUHAN UNIVERSITY PRESS
武汉大学出版社

图书在版编目（CIP）数据

珞珈管理评论.2022年卷.第1辑:总第40辑/武汉大学经济与管理学院主办.
—武汉:武汉大学出版社,2022.4
ISBN 978-7-307-22939-6

Ⅰ.珞…　Ⅱ.武…　Ⅲ.企业管理—文集　Ⅳ.F272-53

中国版本图书馆 CIP 数据核字(2022)第 033755 号

责任编辑:陈　红　　　责任校对:汪欣怡　　　版式设计:韩闻锦

出版发行:**武汉大学出版社**　（430072　武昌　珞珈山）
（电子邮箱:cbs22@whu.edu.cn 网址:www.wdp.com.cn）
印刷:武汉市天星美润设计印务有限公司
开本:880×1230　1/16　印张:10　字数:245 千字
版次:2022 年 4 月第 1 版　　2022 年 4 月第 1 次印刷
ISBN 978-7-307-22939-6　　　定价:48.00 元

目　　录

CONTENTS

珞珈管理评论
2022 年卷第 1 辑（总第 40 辑）

Luojia Management Review
No. 1，2022（Sum. 40）

民营企业党员董事长能否促进企业创新行为?[*]

● 杜诗琰[1]　顾露露[2]　徐子芥[3]

（1，2，3　中南财经政法大学金融学院　武汉　430072）

【摘　要】本文基于高阶梯队理论，考察了企业高管的共产党员身份特征对创新行为的影响。以 2009—2019 年民营上市公司为样本，本文验证了共产党员高管对民营企业创新的显著正面促进作用。在机制检验中，本文还发现当董事长和总经理"两职合一"时，共产党员对创新的促进作用更明显，但是这种创新驱动力主要体现为更为务实的应用型创新成果。本文的异质性检验还发现，青年党员高管、非高新技术行业党员高管的创新促进作用更明显。既往对共产党员高管的研究主要集中在党员或者党组织的公司治理效应，本文独辟蹊径，研究了共产党员高管个人特征对创新的积极影响，拓展了高阶梯队理论本土化研究。本文的研究结论对建设创新型国家、发展非公有制企业党建工作也具有一定的参考意义。

【关键词】民营企业　董事长　共产党员身份　企业创新

中图分类号：F272.3　　　　文献标识码：A

1. 引言

创新作为我国经济增长的主要动力和支撑，不仅能帮助企业拥有核心竞争力，还能推动产业结构升级，实现经济高质量发展。党的十九大报告标志着创新驱动作为一项基本国策，在经济发展的过程中，发挥着越来越显著的战略支撑作用。自主创新是实现我国创新驱动的关键，因此，如何引导企业通过强化自主创新水平提升经济发展质量越来越受到国家的关注。

创新是一项高风险、高投入的企业经营活动，高管团队的个性特征对创新决策以及创新绩效有着显著的影响。比如企业高管对风险的分析和把握能力（经验积累和受教育水平）、对风险的承受能

---

* 基金项目：国家自然科学基金面上项目"中美科技战与企业创新研究：基于被制裁企业的国内供应商视角"（项目批准号：72172158）。

通讯作者：顾露露，E-mail：lgu25@ zuel. edu. cn。

力（年龄和风险偏好）、克服困难和承压能力（既往苦难经历）以及高管的道德水平（通过创新活动套利的可能性）都有可能影响创新投入、创新过程管理和创新产出。已有研究表明，企业高管的个人特征、经历对公司创新行为产生显著影响（刘凤朝，2017；虞义华，2018；权小锋，2019；何瑛等，2019）。共产党员是经过基层党组织反复考核检验，在组织群体中遴选出的坚定地信仰共产主义的优秀成员。他们通常是敢于承担责任、具有极高的道德水平和专业素质、不怕吃苦受累、具有坚强的意志力的优秀群体。因此，党员高管特征对于企业的创新投入和创新产出极有可能产生显著的正向影响。

中国是在全世界拥有党员数量最多的社会主义国家，共产党员、共产主义对中国经济发展的影响是显而易见的。据中共中央组织部最新党内统计数据，截至 2021 年 6 月 5 日，我国共产党员总数为 9514.8 万名，党的基层组织总数为 486.4 万个。在如此庞大的党员基数下，拥有党员身份的企业高管也不在少数，独特的党组织文化也成为这些高管的鲜明个人特征。然而，从高管党员身份视角研究企业创新行为的并不多见。

基于我国特色社会主义制度，国有企业高管通常由党员担任。但由于公司治理结构比较特殊，国企常常承担着各种政治责任，因此若使用国有企业的样本数据研究党员身份对企业创新的影响，可能会对研究结论带来噪音干扰。据报道，随着我国对民营企业党的建设工作重视程度不断提升，民营企业中的党员队伍也愈加庞大，拥有党员身份的董事长的占比也越来越高，且有研究表明这些民营企业党员董事长在改善公司治理水平、履行社会责任等方面发挥了重要作用（戴亦一，2017）。若使用民营企业数据研究企业创新行为，可以较好地排除国有企业因产权异质性等带来的噪音干扰，因此能更为准确地获得党员身份对企业创新的影响。

对此，本文以 2009—2019 年民营上市公司为样本，实证检验了董事长的党员身份对企业创新行为影响。本文的贡献为：

（1）拓展了高阶梯队理论特色化、本土化的研究，丰富了企业创新领域的文献体系。针对高管个人特征与企业创新，尽管已经形成了丰富的研究成果，但本文立足中国特色社会主义国情，从"党员身份"这一个性特征出发，通过手工收集上市公司董事长党员身份信息，研究发现董事长党员身份显著促进了企业创新。这一研究不仅对高阶理论中的高管个性特征指标体系进行补充，同时丰富了共产党员和党组织的相关研究，将共产党员高管个人特征纳入创新问题研究。

（2）已有研究关注了高管个人特征的公司治理效应以及对企业经济绩效的影响，但是在影响机制的分析上有待完善。本文在影响机制分析中发现党员高管"两职合一"对创新的正向调节作用，暗示着更多对党员高管赋权能促进创新。本文还发现党员高管对创新的促进作用在应用创新领域更显著，也有助于深化对高阶理论的进一步阐释。

（3）本文拓宽了企业领导结构相关的研究。现有文献对"两职合一"的领导权结构的讨论暂未有统一的结论，本文从党员身份视角发现，民营企业党员高管的"两职合一"有利于企业的创新，为"两职合一"的领导权结构提供了微观层面上积极的经验证据。

（4）在"四个自信"和新冠肺炎疫情的双重背景下，共产党员在经济社会中充分发挥了先锋模范作用，这使我国特色社会主义政治制度的优越性与西方政治制度的低效形成鲜明对比。然而党员身份抑或共产主义背景，是否能直接影响企业创新活动尚缺乏微观层面的分析。本文的发现为上述问题提供了新的经验证据，同时也对非公企业党员发展、非公企业党的建设等工作具有一定启示意义。

2. 文献综述与研究假说

2.1 高管个人特征与企业创新

自 Hambrick 和 Mason（1984）提出高阶梯队理论后，越来越多的研究将管理者特质、战略选择等纳入经济学模型中，讨论人口背景特征对管理者认知模式和战略决策的作用以及其对组织绩效的影响。基于高阶梯队理论，现有关于高管与企业微观行为的研究大多从以下两个方面展开：一是公司高管团队特质与公司治理、经营绩效等方面的研究，研究表明高管团队的年龄、平均任期、平均学历等对公司管理信息的决策有至关重要的影响（Taylor，1975；卢馨等，2017）。二是企业核心高管个人特质与公司治理、经营绩效等方面的关系，如总经理的过度自信与企业风险承担水平显著相关（余明桂等，2013）。这类研究涉及核心高管的背景、身份、年龄、学历、特殊经历等对公司微观行为的影响，这也是本文研究的重点。

Anderson 等（2014）回顾了过去十年的创新研究，总结了多种主流的创新理论，本文将其分为个体、群体和互动三个层面。在个体层面上，个体创造行为模型是目前主流理论模型之一，其理论认为，个体的特质、价值观、思维模式及身份等对企业创新行为存在显著的影响；文化差异与创造力模型认为，文化差异对个体创造力的影响体现在文化如何调节管理者和执行者对于创造力的影响及对于创新的看法。在群体层面上，组织创造力与创新组成理论认为创新动机、资源和管理实践是对组织创新行为主要的影响因素；团队创新氛围四要素理论指出前景、参与安全、任务导向和对创新的支持是四个有利于创新团队的氛围因素。在互动层面上，所包含的理论认为，创新是不同组织层次上个人与其工作环境的互动。个人的创造力取决于先天条件、认知风格与能力、个性、相关知识、动机、社会影响和环境影响，团体的创新则取决于个体行为、群体成员、群体特征、团队过程和环境影响之间的相互作用。

结合高阶梯队理论和创新相关理论可知，高管是企业创新决策和执行的主体，也是决定企业创新成功与否的关键因素。已有大量研究表明高管的个人特质和身份背景等能对企业的创新行为造成显著的影响。如高管的海外背景、从军经历、发明家经历、不同的职业经历等能通过不同的机制促进企业创新（刘凤朝，2017；虞义华，2018；权小锋，2019；何瑛等，2019）。综上可知，高管所受的不同的组织、文化等影响会使高管在面对企业创新发展时做出不同的决策，从而影响企业创新。中国作为共产党领导的社会主义国家，随着党组织队伍的发展愈加壮大，上市公司高管拥有党员身份的也不在少数，基于这种独特的身份视角讨论高管党员身份背景对企业创新影响的文献并不多见。

2.2 民营企业董事长的党员身份

我国实行"以公有制为主体，多种所有制共同发展"的基本经济制度，这一制度决定了不同所有制企业在市场中不同的经济地位以及不同的发展战略。国有企业除了参与市场经济活动以外，同时肩负着稳就业、保稳定的政治责任（林毅夫，2004），因此国有企业董事长通常由拥有党员身份的人担任。而民营企业没有相应的政治压力，其对董事长的选任也没有党员身份的要求。改革开放以来，随着民营企业在国民经济中地位越来越重要，党中央对民营企业的党组织建设工作也愈发重视。吴婷（2009）认为，由于民营企业党组织与党和政府天然的联系，其能全面、深入地理解政府政策，并快速、及时地将有效的信息提供给决策者，有利于企业做出顺应政治环境的正确决策。在法律和政策允许的范围内，民营企业党员董事长也能更便捷地与各级党委联系，获取各类经济活动信息和其他的便利，迅速抓住各种机遇，实现企业的增速发展（陈东，2015）。基于各种考量，越来越多的民营企业董事长拥有共产党党员身份。戴亦一（2017）认为这些拥有党员身份的董事长主要分为两类。首先为曾经在国有企业任职的董事长后来由于国有企业改革转任或曾经在政府部门工作后辞职下海经商的民营企业董事长，这两类人在担任民营企业董事长前的个人经历都有相应的党员身份的要求。其次是自发入党的民营企业董事长，也是民营企业董事长中占比较大的一类。无论是哪一类，这些民营企业党员董事长必然都有很高的政治觉悟，在公司内部贯彻执行党的战略、方针，维护职工的合法权益，积极推进企业的文化建设；在公司外，这些民营党员董事长也在社会生产的各个领域发挥积极的带头作用，以提升企业的外部形象。这样的企业必定能形成更加包容、和谐的氛围，进而能鼓励员工多创新，不畏惧失败，提升企业的创新行为。

2.3 民营企业董事长的党员身份与企业创新

烙印理论认为，早期接触的事物对个体有不可逆的塑造作用，且这种塑造作用不易受到外界环境改变的影响（Immelmann，1975；Judge et al.，2015；戴维奇等，2016）。而早期由心理学提出的行为一致理论（theory of behavioral consistency）认为，个体在不同情境中表现出的行为及风格有一定的稳定性和相似性，即拥有某种特质的人在不同的环境中会做出相似的行为。基于此理论，张亮亮和黄国良（2013）在梳理相关研究文献后表明，管理者的特殊经历对个体对风险态度的影响将会具体反映在其有关公司的决策行为中。在我国，党员过组织生活不仅是义务，也是一种纪律。对于拥有党员身份的民营企业董事长而言，由于普遍入党时间较早，这意味着此类群体从很早开始就持续参与党组织生活、接受党的文化观、价值观、纪律观的熏陶。党的十八大以来，习近平总书记在不同场合反复强调共产党员要敢于担当、率先垂范。党的百年苦难辉煌历程同样也塑造了党员不怕困难、不畏风险的独特价值观念和服从党组织命令、贯彻执行党的战略方针的精神烙印，这种价值观念和精神烙印同样塑造了民营企业党员董事长的品格和思维模式，进而能潜移默化地影响其在企业管理中的决策（戴亦一等，2016）。

基于高管党员身份视角的文献并不多见。其中，戴亦一（2017）研究发现民营企业董事长的党员身份对公司财务违规有显著的治理效应；杨丽娇（2019）发现拥有党员董事长的民营企业会更加积极地履行精准扶贫等社会责任。此外，还有部分文献从企业成立党组织视角展开相关研究，并发现成立党组织同样有利于改善公司治理水平、促进企业履行社会责任（梁建等，2010；王舒扬等，2019；马连福等，2013；陈仕华和卢昌崇，2014；严若森和吏林山，2019；郑登津等，

2020）。王中超等（2020）以国有企业为研究样本，研究发现成立党组织对国企创新绩效有显著促进作用。

经济学家熊彼特（Joseph Alois Schumpeter）认为，企业管理者是创新的灵魂。而创新作为一种组合新资源的创造性活动，往往并非易事，且具有高风险、高投入、长周期和异质性等特点，因此企业管理者对风险的态度和容忍度与其所在公司的创新效率和创新质量显著相关（Sunder，2017）。胡国柳等（2019）认为当创新失败风险较高时，上市公司管理者为了规避投资损失通常倾向于减少创新投入、弱化创新行为。

而在文化烙印的影响下，党员身份对民营企业董事长的价值观念和思维模式起到了潜移默化的塑造作用。本文认为，拥有党员董事长的民营企业会更倾向于进行更多的创新行为。

首先，从风险容忍视角看，迎难而上、攻坚克难是新时代中国共产党员的宝贵品质，民营企业党员董事长在长期且经常性地参加党组织生活后，这一品格可能会逐渐地内化于心、外化于行，提高其对风险和困难的容忍程度，使民营企业董事长在面对企业是否要进行风险较高的创新行为的决策时，做出肯定的选择。

其次，从责任担当意识的视角看，为了避免投资损失而做出减少创新的决策，实际上是企业管理者的一种短视行为，也是企业管理者对投资者缺乏责任担当的一种体现。习近平总书记指出："我们党在内忧外患中诞生，在磨难挫折中成长，在战胜风险挑战中壮大，始终有着强烈的忧患意识、风险意识。"中国共产党人的忧患意识，就是忧党、忧国、忧民意识，这是一种责任，更是一种担当。① 相比之下，拥有党员身份的民营企业董事长会有更为强烈的责任担当意识，更不容易做出短视的投资决策，因此更敢于作出创新行为决策。

最后，从党员的义务视角看，贯彻执行党的基本路线和各项方针、政策，带头参加改革开放和社会主义现代化建设是党员的基本义务。习近平总书记在庆祝改革开放40周年大会上的讲话中强调"要坚持创新是第一动力、人才是第一资源的理念，实施创新驱动发展战略"。② 基于此，拥有党员身份的民营企业董事长会更为重视党的创新驱动发展战略，在企业管理中会主动加强企业的自主创新行为。

综上，本文认为拥有党员身份的民营企业董事长更有可能强化公司创新行为（见图1）。据此，本文提出以下假设：

假设 H1：相对于其他民营企业，拥有党员身份的董事长更有助于促进企业创新。

2.4 民营企业党员董事长"两职合一"对创新的影响

现代公司制度衍生出"两职合一"和"两职分离"两种不同的公司领导权结构（吴淑琨等，1998；Yang, T. and Zhao, S., 2014），而现有理论对其态度各有不同，主要理论有三种。代理理论认为，委托人（股东）与代理人（经理层）之间的利益冲突与信息不对称导致监控不完全，经理层为

---

① http://opinion.people.com.cn/n1/2021/0430/c1003-32092454.html.
② http://politics.people.com.cn/n1/2021/1129/c1001-32294764.html.

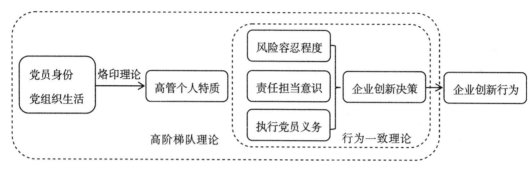

图 1　高管党员身份对企业创新的影响路径

追求个人利益最大化所做出的决策就可能背离股东的利益，由此会引发代理问题。"两职合一"的公司领导结构会导致董事会的独立性受损，削弱董事会的控制作用，从而导致总经理的权力膨胀，引致损害公司利益的动机和行为。与此相对应，受托责任理论则认为，经理人远不是机会主义和逃避责任的人，"两职合一"的公司领导结构将促进经理人员的有效行动，并导致公司后续期间具有更高绩效水平。受托责任理论指出，代理理论导致的问题仅仅适用于经理人地位受到威胁的环境，在此种情况下，经理才可能以股东的利益为代价追求自身的利益。这一理论观点还认为，"两职分离"会导致公司有效领导被削弱、企业对外发言人不统一会对公司形象有影响、低效决策会抑制企业创新行为等。环境依赖理论是考虑企业内部环境与外部环境后的一种权衡。其理论认为董事会是一种管理企业对外部的依赖性和减少环境不确定性的机制，环境的不确定性是影响董事会的结构及其作用的重要因素，高效的董事会在决定公司的两职设置时应考虑潜在的代理弊端是否会超过领导权合一所带来的利益。所以，在高度不确定的环境中，身兼两职的经理人员可以使公司做出更快的决策应对环境变化，而决策速度在高度变化的环境中对于公司绩效是至关重要的，此时"两职合一"所带来的利益超出了任何潜在的代理成本。

同时，现有研究从所有权角度分析，认为"两职合一"强化了管理层对企业的控制权，为公司提供了一个领导核心，并会产生更清晰的公司战略和使命（蒲自立和刘芍佳，2004），且"两职合一"更加有利于提高管理者的决策效率（郭淑娟等，2018）、减少代理问题（Lin，Y. F.，2005），若公司"两职分离"，则中小股东很难参与企业经营管理，中小股东与公司管理层的代理问题进一步加大，而"两职合一"时，中小股东则能通过董事会迅速将自己的讯息传递到公司管理层，也能即时得到公司现状的反馈，从而减少代理问题。由此，对于目前的中国上市公司而言，"两职合一"可能是一种比较好的选择（于东智和谷立日，2002）。在面对企业创新行为时，激烈竞争的市场现状和转瞬即逝的利好机会要求管理层能针对市场信息迅速做出决策，而"两职合一"恰好能消除 CEO 与董事长之间的信息沟通链条和成本，为管理层快速决策和迅速获取信息提供便利，从而促进企业创新（黄庆华，2017）。在现有研究中，"两职合一"也常常用来研究对企业绩效的调节作用。"两职合一"的领导权结构能正向调节高管团队创新注意力与企业创新战略之间的关系（吴建祖等，2016），并且能通过提高企业的创新自由从而正向调节 R&D 强度与企业价值的关系（陈守明等，2012）。

中国共产党具有严密的组织体系和严肃的组织纪律，在这样一个庞大有序的组织中，民主集中制是党的基本原则。在中国经济社会发展的实际运行中，这项制度把充分发扬党内民主和正确实行集中有机结合起来，既最大限度激发了全党创造活力，又统一全党思想和行动，有效防止和克服了议而不决、决而不行的分散主义。从思想上，党员董事长个人的信念和理想会大幅降低"两职合一"的公司领导权所带来的代理问题，并且带来决策更高效、更迅速的管理风格。从形式上，中国共产党所坚持的民主集中制与公司领导权结构"两职合一"天然契合，党员董事长更加适应这种与党组织相似的公司领导权结构。所以，当民营企业党员董事长兼任总经理时，其能更好地发挥党员身份所带来的正面作用，进一步改善企业的管理决策效率，提升企业创新水平。基于此，本文提出以下假设：

假设 H2：当民营企业党员董事长"两职合一"时，其党员身份对企业创新行为的促进作用更为显著。

3. 研究设计

3.1　样本选择与数据筛选

本文选择 2009—2019 年沪深民营上市公司作为样本展开研究，并按如下标准进行筛选：（1）剔除资不抵债上市公司样本；（2）剔除银行、保险等金融机构公司；（3）剔除变量数据缺失的样本；（4）剔除 ST 或 *ST 的上市公司样本；经筛选后，共有 9091 条观测值。后续涉及董事长籍贯的研究中，剔除籍贯信息缺失的样本。为避免异常值对研究结果的影响，本文对连续型变量在前后 1% 水平上进行了缩尾处理。

本文的上市公司财务数据来自 Wind 和 CSMAR 数据库，董事长党员身份及红色革命老区数据来源于手工收集。在回归分析中，均控制了年份固定效应和行业固定效应，并对估计的标准误差进行了公司层面的群聚及异方差调整。

3.2　变量定义

3.2.1　自变量

本文民营上市公司董事长为考察对象，构建哑变量 ccp，若董事长为中共党员，则赋值为 1，否则赋值 0。由于董事长的党员身份非强制披露信息，本文通过 Wind、CSMAR 数据库中高管简历、公司年报以及百度百科、新浪财经和巨潮资讯网等渠道通过手工整理获得。

3.2.2　因变量

已有研究通常使用研发投入或企业专利数量作为衡量企业创新水平的指标。相较于专利数量，研发投入仅代表企业研发费用，无法准确衡量企业创新水平（虞义华等，2018）。而专利数量又分专利申请数量和专利获得数量，在指标选择上，现有文献多选用专利申请数量（姚立杰和周颖，2018），本文认为，专利获得数量是企业创新成果的具体体现，在反映创新绩效上更为准确。因此，本文选取专利获得数量作为衡量企业创新水平的主要指标，并同时使用专利申请数量作为备择指标。考虑到专利获得数量的有偏分布，本文对因变量加 1 后取自然对数，最终得到测度企业创新水平的指标 lnpatent。

3.2.3 控制变量

借鉴相关研究，本文将控制变量分为民营企业自身层面和董事长个体层面的控制变量（李文贵和余明桂，2015；王亮亮，2016；戴亦一，2017；权小峰，2019）。民营企业自身层面控制变量包括：公司年龄（age）、规模（size）、独立董事占比（ibr）、第一大股东持股比例（fsr）、总资产增长率（rar）、总资产净利润率（roa）、研发支出（lg_rdexp）、公司所属行业的赫芬达尔指数（hhi）。董事长层面控制变量具体包括：董事长年龄（age_person）、性别（gender）、学术背景（academic）、海外背景（overseaback）、持股比例（bsr）。此外，本文还加入了省级层面控制变量：民营企业所在省的经济发展水平（lg_GDP）。具体变量定义如表 1 所示。

表 1   **主要变量定义**

变量名称	变量符号	变 量 定 义
创新水平	lnpatent	专利获得数量加 1 的自然对数
党员身份	ccp	为哑变量，董事长为中共党员编码为 1，否则编码为 0
公司年龄	age	观测年度减去公司上市年份加 1 的自然对数
公司规模	size	观测年度公司总资产的自然对数
第一大股东持股比例	fsr	第一大股东持股数量/普通股数
总资产增长率	rar	（期末总资产–期初总资产）/期初总资产
总资产净利润率	roa	净利润/总资产
研发支出	lg_rdexp	研发支出费用取对数
赫芬达尔指数	hhi	行业内的每家公司的主营业务收入与行业主营业务收入合计的比值的平方累加
年龄	age_person	董事长年龄
性别	gender	董事长性别为女编码为 1，性别为男编码为 2
学术背景	academic	高校任教编码为 1，科研机构任职编码为 2，协会从事研究编码为 3，无学术研究背景编码为 0
海外背景	oversaeback	海外任职编码为 1，海外求学为 2，无海外背景为 0
持股比例	bsr	董事长所持公司股份占比
独立董事占比	ibr	观测年度公司独立董事人数/董事会总人数
各省经济发展水平	lg_GDP	各省观测年度 GDP 取对数

3.3　模型构建

为检验本文假说，构建回归模型（1）：

$$\text{lnpatent}_{it} = \alpha + \beta \times \text{ccp}_{it} + \gamma \times \sum \text{Controls}_{it} + \sum \text{Year} + \sum \text{Industry} + \varepsilon_{it} \qquad (1)$$

3.4　描述性统计

本文首先对全样本各变量进行描述性统计分析，结果见表 2 Panel A；随后本文根据民营企业董事长党员身份进行分样本描述性统计分析，具体见表 2 Panel B；最后进行党员和非党员组间均值差异 t 检验，结果见表 2 Panel C。

表 2 Panel A 报告了全样本各变量的描述性统计结果。全样本中变量 lnpatent 的均值为 1.601。分样本 Panel B 中，党员样本观测值有 2829 个，变量 lnpatent 的最大值为 7.430，最小值为 0，均值为 1.809；非党员样本观测值有 6262 个，变量 lnpatent 的最大值为 8.691，最小值为 0，均值为 1.506。从均值上看，党员董事长分组的 lnpatent 比非党员分组高 0.303。Panel C 进一步报告了党员和非党员对应 lnpatent 变量组间均值 t 检验结果。结果显示，二者差异在 1% 水平上显著，初步说明拥有党员董事长的民营企业创新水平更高。

表 2　　　　　　　　　　　　　样本描述性统计和单因素检验

Panel A：全样本描述性统计

变量名称	Obs	Mean	SD	Min	Median	Max
lnpatent	9091	1.601	1.465	0	1.609	8.691
ccp	9091	0.311	0.463	0	0	1
gender	9091	1.948	0.223	1	2	2
academic	9091	3.514	0.902	0	4	4
overseaback	9091	2.897	0.418	0	3	3
bsr	9091	15.174	16.403	0	9.967	80.014
age_person	9091	52.672	8.071	24	52	86
age	9091	1.687	0.868	0	1.792	3.367
size	9091	21.695	1.045	17.806	21.564	26.850
lg_rdexp	9091	3.834	1.227	0	3.787	11.21
rar	9091	0.311	0.717	-0.929	0.125	19.768
roa	9091	0.042	0.085	-1.919	0.046	0.526
hhi	9091	0.113	0.123	0	0.075	1
fsr	9091	31.826	13.245	4.08	30.01	86.49

续表

ibr	9091	0.376	0.054	0	0.333	0.75
lg_GDP	9091	10.601	0.696	6.092	10.666	11.587

Panel B：分样本描述性统计

ccp＝1

变量名称	Obs	Mean	SD	Min	Median	Max
lnpatent	2829	1.809	1.426	0	1.792	7.430

ccp＝0

变量名称	Obs	Mean	SD	Min	Median	Max
lnpatent	6262	1.506	1.472	0	1.386	8.691

Panel C：单因素 t 值检验

变量名称	ccp＝0	mean	ccp＝1	mean	m-diff	t 值
lnpatent	6262	1.506	2829	1.809	−0.303	−9.18***

注：***、** 和 * 分别表示在 1%、5% 和 10% 显著性水平下显著，下同。

4. 主要结果分析

4.1 主要回归结果分析

表 3 列示了回归模型（1）的实证分析结果，从列（1）、（2）的结果可以看出，不论是否加入控制变量，解释变量 ccp 的系数分别为 0.282 和 0.221，且均在 1% 水平上显著，说明民营企业董事长拥有党员身份能显著促进企业的创新水平。进一步，本文参考姚立杰和周颖（2018）的研究，用企业专利获得数量与研发费用的比值来衡量企业的创新效率，并将其作为被解释变量重新代入回归模型（1）进行回归，回归结果如列（3）、（4）所示，ccp 的系数分别为 0.043 和 0.051，且依然在 1% 水平上显著，这表明一旦民营企业董事长拥有党员身份，所在企业更能利用较小的研发投入换取较大的创新产出，即企业的创新效率更高。综上所述，民营企业董事长的党员身份有助于促进企业创新，假设 H1 得到验证。

表 3 基准回归结果

变量	（1） lnpatent	（2） lnpatent	（3） creative_EFF	（4） creative_EFF
ccp	0.282*** (5.45)	0.221*** (3.35)	0.043*** (3.26)	0.051*** (3.80)

续表

变量	（1）lnpatent	（2）lnpatent	（3）creative_EFF	（4）creative_EFF
lg_rdexp		0.346***		
		(11.22)		
gender		−0.005		−0.021
		(−0.03)		(−0.63)
academic		−0.011		0.006
		(−0.43)		(1.24)
overseaback		−0.070		0.003
		(−1.28)		(0.34)
bsr		−0.001		0.000
		(−0.33)		(0.91)
age_person		0.004		0.001
		(1.38)		(0.75)
age		−0.184***		−0.031***
		(−4.36)		(−3.53)
size		0.039		−0.038***
		(0.91)		(−5.61)
rar		−0.170***		−0.014**
		(−5.48)		(−2.00)
roa		0.730**		−0.038
		(2.21)		(−0.55)
hhi		0.193		−0.009
		(0.63)		(−0.15)
fsr		0.004		0.001**
		(1.59)		(2.07)
ibr		−0.393		0.053
		(−0.81)		(0.55)
lg_GDP		−0.015		−0.009
		(−0.34)		(−1.03)
_cons	1.298***	−0.124	0.180***	1.087***
	(44.78)	(−0.12)	(25.80)	(5.76)
年份固定效应	Yes	Yes	Yes	Yes
行业固定效应	Yes	Yes	Yes	Yes
样本量	15270	9091	9088	9088
R^2	0.252	0.251	0.167	0.199
调整后的 R^2	0.25	0.24	0.16	0.19

4.2 内生性检验

4.2.1 工具变量法

尽管民营企业董事长任职对党员身份没有要求，且董事长入党年龄一般早于企业成立时间，本文研究存在反向因果的可能性并不大，但为了尽可能排除因遗漏变量或测量误差导致的内生性，本文手工整理了董事长籍贯地（地级市层面）的革命老区（县级市层面）数量（redNum），作为工具变量进行两阶段回归分析。选取该变量作为工具变量的理由是：一方面，研究表明，个体的认知偏好一定程度上由其成长环境决定（Becker，1992；汪小圈等，2015），在革命老区成长的董事长，在少年时期更有可能接受更多的红色文化熏陶，接触更多的革命先辈光辉事迹，因此更有可能加入中国共产党。另一方面，党员董事长籍贯地的革命老区数量与其所属企业的创新水平并没有直接的关系。表 4 为工具变量两阶段的回归结果，从列（1）、（2）的结果可以看出，第一阶段 redNum 的系数显著为正，且在 1% 水平上显著；第二阶段 ccp 系数依然显著为正，验证了本文结论的稳健性。

表 4 工具变量回归结果

变量	（1）IV-2SLS 一阶段	（2）IV-2SLS 二阶段
	ccp	lnpatent
ccp		1.107**
		(2.18)
redNum	0.032***	
	(4.70)	
Controls	Yes	Yes
年份固定效应	Yes	Yes
行业固定效应	Yes	Yes
样本量	2503	2503
R^2	0.262	0.274
调整后的 R^2	0.24	0.25
F 统计量	38.29	

4.2.2 双重差分法

本文还借鉴戴亦一等（2016）的做法，以民营企业董事长变更为冲击，采用双重差分模型（DID）的方法来考察董事长党员身份变更前后企业创新行为的差异。具体而言，当处理组样本为党员董事长变为非党员董事长时，本文选取在样本期内董事长一直是党员的公司作为控制组；而当处理组样本为非党员董事长变为党员董事长时，本文选取在样本期内董事长一直是非党员的公司作为控制组。为避免歧义，本文剔除了在样本期内董事长变更大于或等于两次的观测数据。具体实证模型如下：

$$\text{lnpatent}_{it} = \alpha + \beta \times \text{Treat}_{it} \times \text{Post}_{it} + \gamma \times \sum \text{Controls}_{it} + \sum \text{Year} + \sum \text{Industry} + \varepsilon_{it} \quad (2)$$

其中，Treat 是样本公司是否为处理组的哑变量，若样本公司为处理组时，Treat 取 1，否则为 0；Post 为党员身份变化前后年度的哑变量，若为变化之后年份，取值为 1，否则为 0。表 5 汇报了双重差分的检验结果，可以看出，当民营企业党员董事长变更为非党员董事长时，企业的创新产出有明显的下降，这一结果验证了本文结论的稳健性；而当民营企业非党员董事长变为党员董事长时，这一冲击对企业创新的影响并非为正，且不显著。这种冲击结果不对称的一个可能的原因是，党员董事长刚上任时，尚不能充分发挥其党员身份所带来的身份优势，而一旦党员董事长被非党员董事长替代，其身份优势即刻因离任而随之消失。整体上，双重差分的检验结果依然支持了本文研究结论的稳健性。

表5　　　　　　　　　　　　　双重差分检验结果

变量	组别 1：党员变为非党员		组别 2：非党员变为党员	
	lnpatent	lnpatent	lnpatent	lnpatent
Treat×Post	−0.375**	−0.361**	−0.426	−0.317
	(−2.49)	(−2.18)	(−1.59)	(−1.42)
treated	−0.103	−0.019	0.289	0.226
	(−0.69)	(−0.13)	(0.90)	(0.93)
Controls	No	Yes	No	Yes
年份固定效应	Yes	Yes	Yes	Yes
行业固定效应	Yes	Yes	Yes	Yes
样本量	2873	2873	5951	5951
R^2	0.233	0.285	0.162	0.275
调整后的 R^2	0.22	0.26	0.15	0.26

5. 进一步讨论

5.1 党员董事长"两职合一"与企业创新的关系

为验证假设 H2，本文引入变量董事长是否两职合一（isduality），若民营企业董事长兼任 CEO，取值为 1，否则为 0。在回归模型（1）中加入董事长两职合一变量（isduality）和两职合一与党员身份的交互项（isduality×ccp）进行回归分析。表 6 报告了回归结果，结果显示，两职合一与党员身份的交互项（isduality×ccp）系数显著为正，说明当民营企业党员董事长"两职合一"时，其党员身份对企业创新的促进作用更强，本文假设 H2 得到验证。

表 6   党员董事"长两职合一"与企业创新

变量	（1）两职合一
	lnpatent
ccp	0.195**
	(2.38)
isduality	0.060
	(0.83)
isduality×ccp	0.340**
	(2.28)
Controls	Yes
年份固定效应	Yes
行业固定效应	Yes
样本量	3491
R^2	0.278
调整后的 R^2	0.26

5.2 党员董事长年龄对企业创新的影响

本文将民营企业董事长年龄按照年度中位数分为两组：青年党员董事长和中老年党员董事长，并对这两组样本重新采用模型（1）进行回归。从表 7 的分组实证结果可以看出，不论中老年董事长抑或是青年董事长，其党员身份对企业的创新行为均有促进作用，但在青年董事长子样本中，党员身份的促进作用不论统计意义还是经济意义均高于中老年董事长分组，组间系数差异检验也在 1%水平上显著。

表 7   党员董事长年龄对企业创新的影响

变量	（2）中老年董事长	（3）青年董事长
	lnpatent	lnpatent
ccp	0.171**	0.337***
	(2.13)	(3.16)

变量	（2）中老年董事长	（3）青年董事长
	lnpatent	lnpatent
Controls	Yes	Yes
年份固定效应	Yes	Yes
行业固定效应	Yes	Yes
样本量	4865	4220
R^2	0.264	0.263
调整后的 R^2	0.25	0.25
组间差异	p-value = 0.000 ***	

5.3　党员董事长对不同创新类型的影响

　　进一步，本文将企业获得专利区分为发明、实用新型和外观设计三类，并分别将其代入回归模型（1）进行实证检验。表8汇报了回归结果，结果显示，三类专利中，仅有实用新型对应的党员身份变量（ccp）回归系数显著为正。这说明，民营企业董事长的党员身份对创新的促进作用主要体现在：促使企业获得了更多的实用新型专利。这说明，相较于高难度的发明创新和缺乏实用性的外观创新，党员身份所拥有的求真务实的品质特性促使民营企业董事长选择实用新型作为企业的创新方向。

表8　　　　　　　　　　　　　　　　分专利检验回归结果

变量	（1）发明	（2）实用新型	（3）外观设计
	lnpatent_fm	lnpatent_sy	lnpatent_wg
ccp	0.059	0.201 ***	0.022
	（1.37）	（3.46）	（0.48）
Controls	Yes	Yes	Yes
年份固定效应	Yes	Yes	Yes
行业固定效应	Yes	Yes	Yes
样本量	9091	9091	9091
R^2	0.182	0.298	0.149
调整后的 R^2	0.17	0.29	0.14
组间差异	p-value = 0.004 ***		p-value = 0.002 ***

5.4 党员董事长对不同行业创新的影响

行业性质也会显著影响企业的创新水平。高新技术行业通常竞争比较激烈，为了保持竞争优势，企业通常会进行较多创新活动，而非高新技术行业则相对没有较大的创新需求。董事长的党员身份对创新的影响是否存在行业异质性？抑或是否仅在高新技术行业存在促进效应？为此，本文将样本企业按照行业性质分为高新技术行业和非高新技术行业两类，并分别使用回归模型（1）进行子样本回归。表 9 汇报了分组实证结果，结果表明，解释变量 ccp 的系数在两组子样本中均显著为正，说明党员身份对企业创新的促进作用不受企业所属行业性质的影响。进一步研究发现，解释变量 ccp 的系数在非高新技术行业更大，组间系数差异检验也在 5% 水平上显著，这可能是因为，相对于非高新技术企业，高新技术企业的创新更依赖于研发人员的能力水平，而对管理层个人特征的依赖相对较弱，而在非高新技术企业则相对更加依赖管理层的能力。

表 9 分行业检验回归结果

变量	（1）高新	（2）非高新	（3）高新	（4）非高新
	lnpatent	lnpatent	creative_EFF	creative_EFF
ccp	0.184**	0.261***	0.042***	0.058***
	(2.25)	(3.56)	(2.93)	(2.62)
lg_rdexp	0.392***	0.330***		
	(8.54)	(9.15)		
Controls	Yes	Yes	Yes	Yes
年份固定效应	Yes	Yes	Yes	Yes
行业固定效应	Yes	Yes	Yes	Yes
样本量	5126	3954	5126	3951
R^2	0.248	0.268	0.172	0.171
调整后的 R^2	0.24	0.25	0.16	0.15
组间差异	p-value = 0.020**		p-value = 0.062**	

5.5 稳健性检验

为保证本文结论的稳健性，本文还进行了诸多稳健性检验。首先，本文将民营企业专利申请数量作为衡量企业创新能力的代理变量，重新进行模型（1）检验，发现民营企业董事长党员身份对企业创新依然有促进作用。其次，本文将研究样本从时间上划分为早期样本（2015 年之前的研究样本）和后期样本（2015 年及之后的研究样本），分组检验党员身份对创新行为的影响，结果依然稳健。具体见表 10。

表 10   稳健性检验结果

变量	(1)	(2) 2015 年前	(3) 2015 年后
	lnpatent_s	lnpatent1	lnpatent2
ccp	0.148**	0.183**	0.259***
	(2.13)	(2.24)	(3.53)
Controls	Yes	Yes	Yes
年份固定效应	Yes	Yes	Yes
行业固定效应	Yes	Yes	Yes
样本数	9092	3491	5596
R^2	0.248	0.274	0.252
调整后的 R^2	0.24	0.26	0.24
组间差异		p-value = 0.002***	

6. 结语

近年来，基于高管个人特征视角探讨其对公司治理的影响成为学术界的研究热点。本文通过手工收集 2009—2019 年 A 股民营上市公司董事长党员身份数据，研究民营企业党员高管对企业创新行为的影响。研究结果表明，民营企业高管的党员身份能促进企业的创新行为，且这种促进作用在董事长"两职合一"时更为显著。民营企业高管的党员身份主要促进了实用新型创新。此外，党员身份对创新的促进作用在青年高管、非高新技术行业中更为显著。本文的主要结论在经过一系列内生性检验和稳健性检验后依然成立。

本文的理论贡献体现在：

第一，拓展了高阶梯队理论特色化、本土化的研究，丰富了企业创新领域的文献体系。针对高管个人特质与企业创新，尽管已经形成了丰富的研究成果，但本文立足中国特色社会主义国情，从"党员身份"这一特色视角出发，通过手工收集上市公司董事长党员身份信息，研究发现董事长党员身份显著促进了企业创新行为。这一研究不仅对高阶梯队理论中的高管特征指标体系进行补充，同时为高管个人特征影响企业创新行为的研究开辟了新的渠道。

第二，提出了新的影响机制，解释高阶梯队理论的作用路径。已有研究主要关注高阶梯队理论带来的企业经济后果的客观表现，但对其影响机制的探索还有待完善，本文的研究发现"两职合一""创新类型异质性"等对党员高管影响企业创新发挥了部分调节效应，有助于深化对高阶梯队理论作用机制的全面理解。

启示如下：

第一，本文的研究结论对如何促进企业创新提供了有价值的建议。在创新逐渐成为我国现代化建设全局核心地位的背景下，微观层面下如何推动企业创新活动依旧是一个问题。本文的研究结果表明，党员高管在企业发展中对企业创新有一定的推动作用，且相对于国家控股的国有企业，民营企业对市场感觉更直接更敏锐，面对创新风险，更需要企业家的风险精神。结合本文研究结论，鼓励和吸纳民营企业高管加入党员队伍，强化非公企业党建，有利于提高企业创新水平，进而提升企业竞争活力，更好地实施建设创新型国家战略。

第二，新冠肺炎疫情以来，中国特色社会主义制度的优越性在国际社会得到了充分体现，共产党员的先锋模范作用也得到了充分发挥。本文研究表明，共产党员的先锋模范作用不仅体现在经济社会发展的宏观层面，更体现在企业经营决策等微观层面，为我国进一步坚持"四个自信"、增强"四个意识"提供了证据支撑。

本文的不足主要体现在本文的研究数据为手工收集，因此样本量还存在不足，而且本文的研究仅仅聚焦于董事长，未收集总经理及其他高管的党员身份，因此研究存在局限性。由于数据缺失，本文未收集到党员的入党时间数据。

在未来的研究中可以加入董事长入党时间变量以更为细致地探讨党员董事长与企业创新之间的动态影响以及进一步加入企业是否设有党组织，来研究党组织在党员身份与企业创新中扮演的角色。

◎ 参考文献

[1] 陈东. 私营企业出资人背景、投机性投资与企业绩效 [J]. 管理世界，2015（8）.

[2] 陈仕华，卢昌崇. 国有企业党组织的治理参与能够有效抑制并购中的"国有资产流失"吗？[J]. 管理世界，2014（5）.

[3] 陈守明，冉毅，陶兴慧. R&D 强度与企业价值——股权性质和两职合一的调节作用 [J]. 科学学研究，2012，30（3）.

[4] 戴维奇，刘洋，廖明情. 烙印效应：民营企业谁在"不务正业"？[J]. 管理世界，2016（5）.

[5] 戴亦一，肖金利，潘越. "乡音"能否降低公司代理成本？——基于方言视角的研究 [J]. 经济研究，2016，51（12）.

[6] 戴亦一，余威，宁博，等. 民营企业董事长的党员身份与公司财务违规 [J]. 会计研究，2017（6）.

[7] 郭淑娟，张文婷，芮雪琴. 两职合一、高管薪酬与技术创新投入 [J]. 工业技术经济，2018，37（7）.

[8] 何瑛，于文蕾，戴逸驰，王砚羽. 高管职业经历与企业创新 [J]. 管理世界，2019（11）.

[9] 胡国柳，赵阳，胡珺. D&O 保险、风险容忍与企业自主创新 [J]. 管理世界，2019，35（8）.

[10] 黄庆华，陈习定，张芳芳，周秭宸. CEO 两职合一对企业技术创新的影响研究 [J]. 科研管理，2017，38（3）.

[11] 李文贵，余明桂. 民营化企业的股权结构与企业创新 [J]. 管理世界，2015（4）.

[12] 梁建，陈爽英，盖庆恩. 民营企业的政治参与、治理结构与慈善捐赠 [J]. 管理世界，2010（7）.

[13] 林毅夫，刘明兴，章奇. 政策性负担与企业的预算软约束：来自中国的实证研究 [J]. 管理世

界，2004（8）.

[14] 刘凤朝，默佳鑫，马荣康．高管团队海外背景对企业创新绩效的影响研究 [J]．管理评论，2017，29（7）.

[15] 卢馨，张乐乐，李慧敏，丁艳平．高管团队背景特征与投资效率——基于高管激励的调节效应研究 [J]．审计与经济研究，2017，32（2）.

[16] 马连福，王元芳，沈小秀．国有企业党组织治理、冗余雇员与高管薪酬契约 [J]．管理世界，2013（5）.

[17] 蒲自立，刘芳佳．公司控制中的董事会领导结构和公司绩效 [J]．管理世界，2004（9）.

[18] 权小锋，醋卫华，尹洪英．高管从军经历、管理风格与公司创新 [J]．南开管理评论，2019，22（6）.

[19] 王亮亮．金融危机冲击、融资约束与公司避税 [J]．南开管理评论，2016，19（1）.

[20] 王舒扬，吴蕊，高旭东，李晓华．民营企业党组织治理参与对企业绿色行为的影响 [J]．经济管理，2019，41（8）.

[21] 汪小圈，张红，刘冲．幼年饥荒经历对个人自雇选择的影响 [J]．金融研究，2015（5）.

[22] 王中超，周绍妮．党组织治理与国有企业创新绩效 [J]．会计之友，2020（16）.

[23] 吴淑琨，柏杰，席酉民．董事长与总经理两职的分离与合一——中国上市公司实证分析 [J]．经济研究，1998（8）.

[24] 吴婷．新经济形势下加强民营企业党建工作的思考 [J]．经济研究导刊，2009（32）.

[25] 吴建祖，曾宪聚，赵迎．高层管理团队注意力与企业创新战略——两职合一和组织冗余的调节作用 [J]．科学学与科学技术管理，2016，37（5）.

[26] 严若森，吏林山．党组织参与公司治理对国企高管隐性腐败的影响 [J]．南开学报（哲学社会科学版），2019（1）.

[27] 杨丽娇，赵立彬．高管党员身份影响企业履行精准扶贫吗？ [J]．生产力研究，2019（2）.

[28] 姚立杰，周颖．管理层能力、创新水平与创新效率 [J]．会计研究，2018（6）.

[29] 于东智，谷立日．公司的领导权结构与经营绩效 [J]．中国工业经济，2002（2）.

[30] 余明桂，李文贵，潘红波．管理者过度自信与企业风险承担 [J]．金融研究，2013（1）.

[31] 虞义华，赵奇锋，鞠晓生．发明家高管与企业创新 [J]．中国工业经济，2018（3）.

[32] 张亮亮，黄国良．管理者个体行为与公司财务行为国外研究述评——基于行为一致性理论视角 [J]．华东经济管理，2013，27（6）.

[33] 郑登津，谢德仁，袁薇．民营企业党组织影响力与盈余管理 [J]．会计研究，2020（5）.

[34] 郑登津，袁薇，邓祎璐．党组织嵌入与民营企业财务违规 [J]．管理评论，2020（8）.

[35] Anderson, N., Potocnik, K., Zhou. Innovation and creativity in organizations: A state-of-the-science review, commentary, and guiding framework [J]. Journal of Management, 2014, 40（5）.

[36] Becker, G. S. Habits, addictions and traditions [J]. Kyklos, 1992, 45（3）.

[37] Cubbin, J., Leech, D. The effect of shareholding dispersion on the degree of control in British companies: Theory and measurement [J]. The Economic Journal, 1983, 93（370）.

[38] Hambrick, D. C., Mason, P. A. Upper echelons: The organization as a reflection of its top managers [J]. The Academy of Management Review, 1984, 9 (2).

[39] Immelmann, K. Ecological significance of imprinting and early learning [J]. Annual Review of Ecology and Systematics, 1975, 6 (1).

[40] Judge, Q. W., Hu, W. H., Gabrielsson, J., et al. Configurations of capacity for change in entrepreneurial threshold firms: Imprinting and strategic choice perspectives [J]. Journal of Management Studies, 2015, 52 (4).

[41] Lin, Y. F. Corporate governance, leadership structure and CEO compensation: Evidence from Taiwan [J]. Corporate Governance: An International Review, 2015, 13 (6).

[42] Sunder, J., Sunder, V. S., Zhang, J. J. Pilot CEOs and corporate innovation [J]. Journal of Financial Economics, 2017, 123 (1).

[43] Taylor, R. N. Age and experience as determinants of managerial information processing and decision making performance [J]. The Academy of Management Journal, 1975, 18 (1).

[44] Yang, T., Zhao, S. CEO duality and firm performance: Evidence from an exogenous shock to the competitive environment [J]. Journal of Banking and Finance, 2014, 49.

Can Chairman's Communist Party Membership Promote Private Enterprise Innovation Behavior?

Du Shiyan[1]   Gu Lulu[2]   Xu Zijie[3]

(1, 2, 3 School of Finance, Zhongnan University of Economics and Law, Wuhan, 430072)

Abstract: Based on the high order theory, this paper examines the impact of the chairman's Communist Party membership on private enterprise innovation behavior. Choosing the Chinese private companies during 2009 and 2019 as a sample, this paper verifies the significant positive effect of chairman's Party membership on enterprise innovation. We also find that being Party member has a more obvious role in promoting innovation when chairman has dual role, and this innovation driving force is mainly reflected in more pragmatic and applied innovation results. The heterogeneity test in this paper finds that the innovation promotion effect is more obvious when chairman is younger or the industry is non-high-tech. Previous research mainly focused on the corporate governance effects of Party members or Party organizations. This paper explores a new way to study the positive impact of chairman's Party membership on innovation, and expands the research on the localization of high order theory. The paper references the importance of building an innovative country by developing the Party building work in private enterprises.

Key words: Private enterprise; Chairman; Communist Party membership; Enterprise innovation

专业主编：陈立敏

职场妒忌的行为、反应与后果：一个研究综述*

● 闫　威[1]　田　密[2]　张　勇[3]

（1，2，3　重庆大学经济与工商管理学院　重庆　400030）

【摘　要】职场妒忌作为一种基于社会比较的工作情绪或行为问题，近年来日益受到理论界与实务界的关注。以往的研究大多从妒忌者的角度出发讨论职场妒忌的影响机制，缺乏将妒忌的主、客体即妒忌者和被妒忌者双方结合起来的讨论，不利于全面理解职场妒忌的发生机理和作用机制。本文基于对职场妒忌文献的梳理，结合个人特征、妒忌双方关系和组织环境因素的三重影响，探讨了妒忌者的行为、被妒忌者的反应以及职场妒忌对个人、组织产生的后果，并从被妒忌归因、时间因素、群体妒忌、研究方法设计等方面提出需要进一步探索的方向。

【关键词】职场妒忌　社会比较　交互行为　组织关系

中图分类号：F272.92　　　　　　文献标识码：A

1. 引言

在现实职场中，大多数企业或组织倾向于营造竞争环境，管理者通过奖励绩优者来激励其他员工。这固然可以收到不错的激励效果，但人们往往忽视了这种做法也会引发员工之间的妒忌。小到上级赞扬、认可，大到升职、加薪、奖金、资源配置、更好的工作机会等，都会使员工在自己和同事之间进行比较，使工作环境成为职场妒忌滋生的沃土。

学者普遍将职场妒忌视为一种不良的、有害的情绪（Menon & Thompson，2010），经历妒忌的员工通过破坏比较对象来表达自己的痛苦（刘得格、李文东、陈文晶，2017），如采取社交破坏性行为（Duffy et al.，2012；Veiga et al.，2014），有意阻止被妒忌者建立、维持积极人际关系，损害其声誉

---

* 基金项目：国家社会科学基金面上项目"团队锦标赛中代理人非伦理行为的形成机理与治理途径研究"（项目批准号：19BJY052）；国家自然科学基金重点国际（地区）合作研究项目"动态视角下组织突破性创新的激励与协同机制及制度创新研究"（项目批准号：72110107002）；国家自然科学基金面上项目"从'渐进'到'突破'：要素理论视角下创造力转化的动态追踪研究"（项目批准号：71974021）。

通讯作者：闫威，E-mail：yanweiceba@cqu.edu.cn。

或工作表现，以此缩小与被妒忌者之间的差距（Yu & Duffy，2016）。在此过程中，一方面，妒忌者本身的自信心会被削弱，核心自我评价降低，把注意力更多放在破坏同事而非工作上，并侵蚀个人的自我价值、工作绩效甚至未来的职业抱负。另一方面，优秀员工很可能遭到妒忌者的破坏，他们在进行妒忌归因以后，或主动减小自己的领先优势，刻意降低工作表现、自我贬低、道德伪善、冷漠逃避（刘得格、黄晓治、陈文晶等，2018），或予以反击，进一步加强妒忌者的痛苦情绪，陷入恶性妒忌循环。无论被妒忌者是隐藏实力示弱回避，还是强势反击，都会使其精力分散，工作投入减少。因此，妒忌行为不仅会同时降低自我和同事的工作效率及工作投入，还会损害组织内部人际关系，降低工作团队信任、合作、满意度和表现等，进而破坏组织绩效。

然而，近来也有一些研究将妒忌描述为一种能唤起个人追求自我完善的动机的社会适应性情绪，职场妒忌也可以成为"进步的动力"（Dineen et al.，2017；Lange & Crusius，2015），例如，激发求职努力和晋升努力，并提高工作绩效。妒忌者可能会采取观察学习、寻求建议来进行自我提高（Lee & Duffy，2019），缩小与被妒忌同事之间的差距。而被妒忌也可能被视为一种正向反馈，给予被妒忌员工积极愉快的情绪，鼓励其继续积极进行自我提升、保持自我优势。此外，被妒忌者也可能接近妒忌者，做出释放友好信号的亲社会行为、帮助其进行自我提高，这可能会减弱妒忌者的痛苦情绪，减少妒忌。这些亲社会行为会加强组织内部的人际关系、交流合作，对于组织绩效具有建设性影响。

由于妒忌的负社会称许性，人们往往认为公开表达和承认妒忌是可耻的，具有隐藏妒忌的倾向（Parrott，2016）。但职场妒忌（workplace envy）在组织中广泛存在，兼具破坏性影响与建设性影响的双重性日益引起了组织行为学者的关注。以往大多数研究是以妒忌者视角讨论职场妒忌的影响因素和行为，近年来也有少量研究开始关注被妒忌者（Puranik et al.，2019；Lee et al.，2018；刘得格、黄晓治、陈文晶等，2018；黄庆、蒋昀洁、蒋春燕，2019），初步探索妒忌感知的形成过程、归因后的行为选择及其后果。

总的来说，深入研究职场妒忌行为对完善组织内部关系、提高团队满意度、提高员工个人绩效和组织绩效等组织管理实践具有重要意义。近年来国内外学术界对于职场妒忌的研究逐渐增多，但现有文献大多是单独从某一方（如妒忌者）的立场或视角出发进行讨论，缺乏对妒忌者、被妒忌者、组织三者关系的梳理与整合。哪些因素会导致妒忌者产生破坏性行为和建设性行为？被妒忌的同事面对这两种行为会如何反应？妒忌者与被妒忌者的交互行为会对组织产生何种影响？企业或组织应如何减少职场妒忌的破坏性后果，并引导、利用妒忌激励员工的建设性行为？本文拟在整理职场妒忌相关文献基础上，从妒忌的主体（妒忌者）、客体（被妒忌者）及其与组织的关联视角，厘清职场妒忌行为的表现特点、发生机理、影响后果及各方互动关系，为组织管理实践提供理论支撑与现实指导。

2. 职场妒忌的基本概念

2.1　相近概念的区分

学者们普遍认为妒忌是来源于社会比较的痛苦情绪，它被定义为"因另一个人的好运而感到痛苦"（Tai et al.，2012）。当一个人缺乏并觊觎另一个人所拥有的东西时，就会感到妒忌（Parrott & Smith，1993）。近来也有一些学者认为妒忌是一种社会适应性情绪，能唤起个人追求自我完善的动机，职场妒忌也可以成为"进步的动力"（Dineen et al.，2017；Lange & Crusius，2015）。为了避免相关讨论的概念模糊，学者们对妒忌及与其相近的概念进行了区分。

在社会比较中，当人们意识到别人比自己更好时，会体验到妒忌（envy）和钦羡（admiration）两种关键的相近情感（van de Ven，2017）。由于钦羡会产生对他人成就或优势的肯定、欣赏，甚至会有努力模仿、向其看齐的积极行为，常有人认为钦羡等同于一种良性妒忌，但实际上两者具有本质的差别。无论恶意妒忌还是良性妒忌，个体自尊都受到了威胁，往往都含有痛苦的情绪底色（Tai et al.，2012），而钦羡则与个体自尊受到威胁无关（Miceli & Castelfranchi，2007），甚至带有愉悦的情感要素（van de Ven，2017）。

此外，在不同文化背景中，妒忌与嫉妒的含义也有很大差别。在中文语境中，妒忌与嫉妒的区别并不明显，都是指在与他人比较后，发现自己在才能、名誉、地位或境遇等方面不如别人，而产生的一种由羞愧、愤怒、怨恨等组成的复杂情绪状态（朱智贤，1989），国内学者并未明确讨论这两者的界限。但在国外研究中，妒忌（envy）的概念却有别于嫉妒（jealousy）。嫉妒是因担忧他人破坏自己已经拥有的亲密关系而心生怨憎，不仅涉及嫉妒者与被嫉妒者，还涉及与两者产生亲密关系的第三方；而妒忌是个体因为他人的比较优势而产生的痛苦情绪，只关系到妒忌者与被妒忌者双方（Parrott & Smith，1993）。例如，员工 A 可能因为员工 B 与领导的关系更密切而心生嫉妒，而非妒忌；而员工 A 发现员工 B 比自己的销售能力更强时，可能会开始妒忌员工 B，而非嫉妒。实际上，妒忌也涉及三方，但是区别于嫉妒的三方，包括妒忌者、被妒忌者、组织。妒忌者的妒忌体验主要受到自我个体因素的影响，也受到被妒忌者个体因素的影响，同时也受到妒忌者与被妒忌者两者亲密关系和组织因素的调节。同样，被妒忌者的反应也受到个体因素、人际因素和组织因素三方面的影响。可以认为在妒忌体验中（包括妒忌与被妒忌），自我的因素是决定性因素，但受到人际因素和组织因素的各种调节，如妒忌者与被妒忌者之间是亲密和睦，还是疏离不和；组织的文化环境是崇尚竞争还是合作，倾向于集体主义还是个人主义；组织的内部氛围是亲密温暖，还是紧张冷漠等。

2.2　职场妒忌的分类

2.2.1　向上妒忌、向下妒忌和横向妒忌

考虑到妒忌双方的组织地位有所不同，其心态和采取的行为、反应也会各有差异，我们结合职场妒忌的现实情境以及现有研究（Braun et al.，2018；Yu et al.，2018），按照妒忌者、被妒忌者在职场中所处的组织地位对职场妒忌进行分类讨论，将妒忌分为向上妒忌（upward envy，下属对上级领导产生的妒忌）、向下妒忌（downward envy，上级领导对下属产生的妒忌）和横向妒忌（组织内地位平等的同事之间的妒忌）。

目前关于职场妒忌的文献主要集中于横向（地位对等）和向上（下属对领导）的妒忌（Duffy et al.，2008；Puranik et al.，2019；Yu & Duffy，2016；吕逸婧和彭贺，2014）。吕逸婧和彭贺（2014）认

为妒忌情绪产生在妒忌者十分看重的领域，妒忌者只会把与自身具有相似性的人视作被妒忌者（刘得格、李文东、陈文晶，2017）。组织内资源十分有限，同等地位的同事之间资源、晋升机会等的争夺往往最常见，地位相近的同事之间也具有更强的相似性，这使同事间的社会比较易于产生，因此横向水平的妒忌情形在职场中最常见，受到学者们的关注也最多。

研究证明，有能力的员工更容易成为向上社会比较的目标，这会导致同事自我评价降低，妒忌增加（Mao et al.，2020）。因此，高绩效员工更容易成为团队成员妒忌的目标和受害者（Kim & Glomb，2014）。而上级领导往往具有突出的才干和卓越的绩效，或者特殊的能力，这极易招致下属的向上社会比较，进而产生妒忌。此外，上级领导引起下属妒忌的另一个可能的原因是上级领导代表了一个相关的社会比较群体，具有某些特权和优势（Braun et al.，2018），例如决策自主权、资源分配控制权以及可以与组织内外其他权力者建立联系（Yukl，2019）。当一个人缺乏他人的卓越品质、成就或职位，或者渴望、希望他人缺乏它时，妒忌就发生了（Parrott & Smith，1993）。因此，拥有突出能力和权力的上级领导也容易遭到下属的妒忌，即向上妒忌（upward envy）。

然而，在现实的职场情境中，我们也常发现妒忌并不只在平级同事之间、下属对上级之间出现。拥有正式权力的领导也可能妒忌他们的直接下属，有动机伤害与自己竞争的下属（Nickerson，2014）。当下属显示出强大的社交技能、领导才能、创新能力，并能与高级管理层建立密切关系时，上级领导就可能感到自己的地位受到了他们的威胁，向下妒忌（downward envy）就此产生（Yu et al.，2018）。对比其他两类妒忌，向下妒忌更具有隐蔽性、更难被当事人承认，但也十分普遍。同时，由于妒忌者的"上级"身份，他们在组织中拥有一定权力和地位，可以通过更多阻碍被妒忌下属前进的破坏性手段来表达妒忌，而作为下属的被妒忌者往往对"上级"有所顾忌，更倾向于"藏拙"，隐藏自己的潜力，避免成功，采取"平均就是最好"的策略（Jensen et al.，2014），以减少上级妒忌者的妒忌，但这样的策略对组织的发展来说极为不利。

此外，那些对同事的地位没有直接威胁的员工有时也会被妒忌。最近的研究发现被妒忌的员工不仅仅限于目前的比较优势，不管这些员工是否构成当前的威胁，预期的未来地位威胁同样会使其他同事对这些员工产生妒忌感（Reh et al.，2018），进而削弱他们。同事之间会关注彼此过去的发展与未来的机遇，因为上升更快的同事可能会对自己未来的地位构成威胁，即使他们目前的绝对表现仍然较差。这种情况多出现在向下妒忌和平级妒忌中，如上司发现下属的潜力，同事发现另一个同事的发展机会等。Reh 等人（2018）进一步发现在高度竞争的组织中，时间维度上的社会比较与未来地位威胁之间的关系会更紧密。总的来说，在讨论职场妒忌时，考虑妒忌双方的不同组织地位更加符合组织管理实践的现实情境，但目前职场妒忌的分类研究对组织地位的关注度还有待提高。

2.2.2 良性妒忌和恶意妒忌

妒忌者一般可以通过拉低被妒忌者水平（Miceli & Castelfranchi，2007；Yu & Duffy，2016）和提升自我水平（Cohen-Charash & Larson，2017；Tai et al.，2012；van de Ven et al.，2009）两种策略来缩小差距。许多学者据此将妒忌划分为良性妒忌（benign envy）和恶意妒忌（malicious envy）（van de Ven et al.，2009），良性妒忌包括改善自我的动机，促使妒忌者做出"建设性行为"；恶意妒忌包括

伤害被妒忌者的动机，促使妒忌者做出"破坏性行为"（van de Ven，2016）。关于职场妒忌的"善恶"分类，学者们目前持有一元论（unitary approach）和二元论（dual approach）两种观点（Crusius et al.，2020）。

持有二元论观点的学者认为妒忌可分为带来消极影响的恶意妒忌和产生积极作用的良性妒忌（van de Ven，2016，2017；van de Ven et al.，2009）；而一元论学者却认为研究"良性"和"恶意"妒忌混淆了妒忌及其结果，主张妒忌是一个复杂的整体性概念（Cohen-Charash & Larson，2017；Cohen-Charash & Mueller，2007；Tai et al.，2012），由各种情绪（Parrott & Smith，1993）、认知和行动趋势（Castelfranchi & Miceli，2009）组成。妒忌可以激发个体做出一系列反应，个体会做出哪种具体反应，会受到个体特征和情景因素的影响。"良性妒忌"和"恶意妒忌"只是应对妒忌的不同策略的标签，或是实现妒忌动机目标（即消除差距、减轻痛苦）的方法（Crusius et al.，2020）。

2.2.3　职场妒忌的其他分类

除了组织地位不同的分类和较为常见的"善恶"分类，一些学者也提出了其他职场妒忌分类，如表1所示。Duffy等人（2012）将妒忌分为特质妒忌（与个体特质有关）、特定事件情景妒忌（在某一特定事件、某一对象比较中产生）、一般情景妒忌（在职场情景中普遍性、一般性的妒忌）。吕逸婧和彭贺（2014）提到了个体妒忌和群体妒忌的分类。个体妒忌即存在于个体层面之间的相互比较，现有研究几乎都针对的是个体妒忌，而群体妒忌则来源于群体与群体之间的相互比较，这些群体是由组织内部工作部门、职位级别、兴趣爱好、性格特征等形成的非正式群体。在某一小群体中，成员的妒忌情绪会因高互动性更容易相互感染和加强，对组织的工作绩效、团队凝聚力等产生更严重的影响。因此，进一步研究群体妒忌对组织管理理论和实践发展都具有重要意义。

表1　职场妒忌分类

依据	分类	相关研究学者
组织地位	向上妒忌 向下妒忌 横向妒忌	Nickerson，2014；Yu，Duffy，2016；Yu，Duffy & Tepper，2018；Puranik et al.，2019；Yukl，2019
行为影响	恶意妒忌 良性妒忌	Cohen-Charash & Muellr，2007；van de Ven，Zeelenberg & Pieters，2009；van de Ven，2016；Cohen-Charash & Larson，2017；Crusius，2020
激发因素	特质妒忌 特定事件情景妒忌 一般情景妒忌	Smith et al.，1999；Cohen-Charash，2009；van de Ven et al.，2009；Duffy et al.，2012；Lange & Crusius，2015
主体数量	个体妒忌 群体妒忌	吕逸婧和彭贺（2014）

3. 职场妒忌的测量与研究方法

3.1 职场妒忌的测量

3.1.1 定量方法

职场妒忌的有关研究通过定量与定性两种方法进行，学者们开发了多个量表来测量妒忌（Cohen-Charash, 2009; Duffy & Shaw, 2000; Gold, 1996; Lange & Crusius, 2015; Smith et al. , 1999）。正如学者们对妒忌的概念争议一样，对妒忌的测量也围绕着"妒忌是否可以分为恶意妒忌与良性妒忌"的争论展开。

Gold（1996）开发了约克妒忌量表（York Enviousness Scale），主要关注妒忌者的怨恨和恶意。Smith 等人（1999）开发的性格妒忌量表（DES）是目前最广泛使用的测量性格妒忌的工具，该量表由自卑、恶意、沮丧和对不公正的看法的测量项目组成，与消极自尊、抑郁、神经质、敌意和怨恨相关。可见，DES 仍然集中于对恶意妒忌的测量。

随着对妒忌行为的研究深入，一些学者发现妒忌的一维概念化并没有捕捉到与妒忌经历和反应相关的全部动机、动态，现有的量表缺乏对良性妒忌维度的测量。Lange 和 Crusius（2015）认为在特质层面有良性妒忌和恶意妒忌两种截然不同的妒忌形式，开发了良性和恶意妒忌量表（Benign and Malicious Envy Scale，BeMaS）。与妒忌的核心概念相一致，BeMaS 描述了妒忌者渴望缩小与被妒忌者之间差距的情况（提升自己或拉低他人）。特别是，良性妒忌项目侧重于对被妒忌者的喜爱（如"我对表现最好的人有温暖的感觉"）、妒忌导致的努力增加（如"我努力达到他人的卓越成就"）以及在向上比较后的目标设定增加（如"如果某人有卓越的品质、成就或财产，我试图为自己实现它们"）。恶意妒忌项目集中于敌意行为（例如，"如果别人有我想要的东西，我希望从他们那里拿走"）、对被妒忌的人的怨恨情绪（例如，"看到别人的成就使我怨恨他们"），以及与向上比较有关的一般愤怒情绪（例如，"我讨厌遇到我妒忌的人"）。Fam 等人（2020）进一步证明了 BeMaS 的结构效度和稳定性，支持了 Lange 和 Crusius（2015）善恶妒忌的 BeMaS 双因素结构，也支持了区分良性妒忌和恶意妒忌的理论（van de Ven, 2016）。

Cohen-Charash 和 Larson（2017）认为研究"良性"和"恶意"妒忌会将妒忌与其结果混淆，主张将妒忌作为一个单一结构。首先，"良性"和"恶意"妒忌的测量只包括对这些情绪动机方面的评估，而忽略了情感本身。然而，情绪包含各种成分，如感觉、认知和行动倾向，使仅依赖动机的评估实践操作性不足（Podsakoff et al. , 2016）。其次，对"良性"和"恶意"妒忌的衡量及其结果往往相互映射，导致同义反复。通过妒忌这一整体概念来测量则可以克服这种同义反复，而且评估的动机更为广泛，可以扩大妒忌的潜在结果的范围，有利于更全面地理解妒忌。最后，鉴于"良性"妒忌的建设性和"恶意"妒忌的负社会称许性，印象管理和自我提升的考虑可能影响人们的自我报告，导致过多报告良性妒忌，而很少报告恶意妒忌。已有文献的数据表明，"良性"妒忌的平均分数往往高于"恶意"妒忌（Cohen-Charash & Larson，2017）。因此，对妒忌的测量要避免使用或创建代表妒忌"善恶"的双重构念。

此外，除了目前存在的几种"良性"和"恶意"妒忌测量方法之外，学者们还建议应该在不同的研究主题下使用不同的测量方法，使测量妒忌的工具和其理论概念保持一致，否则可能会得出错误的结论（Cohen-Charash & Larson，2017；van de Ven，2016；刘得格、李文东、陈文晶，2017）。例如，在研究特质性妒忌时，研究者应采用 Smith 等（1999）开发的量表（DES）或 Lange 和 Crusius（2015）开发的量表（BeMaS）；在研究特定情境性妒忌时，研究者应采用 Cohen-Charash（2009）或 van de Ven 等（2009）的量表；在研究一般情景妒忌时，则采取 Duffy 等人（2012）的量表。

3.1.2　定性方法

职场妒忌还可以通过各种定性方法来刻画。Heikkinen 等人（1998）使用了一份开放式问题的问卷来衡量职场妒忌情绪，然后通过内容分析员工的回答。他们的研究发现，员工通过隐藏自己的感情来处理妒忌。

Patient 等人（2003）使用小说节选对职场妒忌进行了叙事分析。他们认为，叙事方法的优点是可以包括各种隐蔽或者负面情绪，如愤怒和妒忌。

自我报告日记的纵向定性方法也可以用于捕捉职场妒忌。Vidaillet（2007）首先采用这种独特的案例研究方法来研究职场妒忌，在实验期内，被试每天都会记录自己的感受。使用这种纵向方法能够观察到职场妒忌的生命周期，即妒忌是如何发展和演变的。与定量方法相比，自我报告日记法的突出优点是可以挖掘到工作场所情绪和工作中对他人感觉的发展，妒忌不再是静态的一维构念，而是动态的多维情感。采用日记法还可以反映出妒忌的短期波动，为研究者提供更丰富的数据样本，也有利于开发新的职场妒忌量表。

3.2　研究方法

随着研究的深入，职场妒忌的研究样本逐渐从在校大学生扩展到了真实组织环境中的职场人士（Cohen-Charash & Mueller，2007；Vecchio，2005；Heikkinen et al.，1998），且实验方法的应用日益增多。例如 van de Ven 等（2009）采用了回忆法，让被试回忆并描述过去经历恶意妒忌和善意妒忌的情景来测量这两种妒忌；van de Ven 等（2011，2012）还通过阅读的方式来测量职场妒忌，即让被试在阅读引发向上比较的材料后，评价材料中人物的善意妒忌和恶意妒忌；Behler 等人（2020）通过捡铅笔任务和在囚徒困境下的益智任务，来研究在竞争情境中妒忌如何影响亲社会行为和反社会行为。总的来说，现存的职场妒忌研究仍主要通过实地调查的方式进行（Braun et al.，2018；Dineen et al.，2017；Lange et al.，2018；Lee & Duffy，2019；Mao et al.，2020；Yu et al.，2018），行为实验（Behler et al.，2020；Reh et al.，2018）和情境实验（Zhang，2020）相对较少。未来的职场妒忌研究可以考虑开展更多实验，或者尽可能在职场环境中直接观测妒忌行为与反应。

4. 妒忌者的行为与被妒忌者的反应

以往的绝大多数研究是从妒忌者的视角出发，尽管学者们对职场妒忌的关注度正在提高，但对于被妒忌者困境的关注却十分滞后。事实上，妒忌也"将被妒忌者置于复杂而微妙的社会境地"（Parrott，2016）。作为妒忌活动过程中的另一重要主体，探索被妒忌者的感知、归因、反应等对于研究整个妒忌过程也极为重要。因此，学者们开始对被妒忌者有更多关注（Braun et al.，2018；Lee & Duffy，2019；Puranik et al.，2019；刘得格、黄晓治、陈文晶等，2018）。作为在组织情境中紧密相连的行为主体，割裂地分析任何一方都不利于真实地还原职场环境。本文将综合考虑妒忌参与双方在组织中的相对地位，通过梳理妒忌者行为与被妒忌者反应来加深对妒忌行为的理解。

4.1 妒忌者的行为

学者们认为，职场妒忌者可以通过"拉低"策略（leveling-down）和"升级"策略（leveling-up）来缩小与被妒忌者之间存在的工作绩效、待遇等差距，减少痛苦，即一是采取打击妒忌目标来降低目标水平的"消极破坏性行为"（Miceli & Castelfranchi，2007；Yu & Duffy，2016），二是采取自我改进来提升自我水平的"积极建设性行为"（Cohen-Charash & Larson，2017；Tai et al.，2012；van de Ven et al.，2009）。

4.1.1 消极破坏性行为

根据先前的研究，职场妒忌会降低妒忌者与被妒忌者分享高质量工作知识的意愿（赵金金、于水仙、王妍，2017），妒忌者常会采取社交破坏性行为（Duffy et al.，2012；Veiga et al.，2014），即有意阻止被妒忌者建立、维持积极人际关系、良好声誉或良好工作表现。不同方向的妒忌所做出的行为也有所不同。例如，在向上妒忌中，妒忌者可能会做出针对被妒忌上级领导的反生产行为、拆台行为等（李志成、占小军、王震、祝振兵，2018）；在向下妒忌中，深受妒忌折磨的领导可能会对被妒忌的下属进行辱虐管理，打击下属优势（Yu et al.，2018）。也就是说，上级与下属的不利比较会威胁上级自尊，并以辱虐管理和自我改进的形式触发适应性策略。当上级领导认为被妒忌的下属态度冷漠且有能力时，他们更可能对向下妒忌引起的自尊威胁做出辱虐管理反应；而当他们认为被妒忌的下属热情、有能力时，他们更可能以自我改进的方式做出反应。

最近的研究发现，职场妒忌行为不仅影响当事人双方，还会超过其根源即被妒忌者，糟糕地对待"无辜"第三方（那些没有参与妒忌过程的人）。Behler 等人（2020）发现，妒忌会影响妒忌者的亲社会行为和反社会行为，表明妒忌产生的有害后果不仅局限于个人，还扩展到了人际关系中。最终，这些妒忌的破坏性行为通过人际关系扩展到整个组织，降低团队信任、合作、满意度和表现等。

4.1.2　积极建设性行为

一直以来，妒忌的消极一面总是受到学者们的关注，而妒忌的积极行为直到近来才引起学者们的关注（Lee & Duffy，2019；Yu et al.，2018；刘得格、李文东、陈文晶，2017）。妒忌虽然会给个体带来不快体验，但是它也可以激励个体愿意为梦寐以求的目标而努力，并达到被妒忌者的水平（刘得格、李文东、陈文晶，2017）。Lee 和 Duffy（2019）认为高核心自我评价和有亲密关系的妒忌者往往会采取观察学习、寻求建议来进行自我提高，缩小与被妒忌者之间的差距。这些亲社会行为也会在一定程度上加强组织内部的人际关系、交流合作，这不仅利于合作意愿的增加、知识的共享，还利于调节组织的交往、工作氛围，进而对组织绩效产生有益影响。

4.2　被妒忌者的反应

不同的被妒忌者也会有不同的反应（Lee et al.，2018）。与妒忌者的行为相似，被妒忌者的反应也可以分为消极破坏反应、中庸回避反应、积极建设反应三类进行讨论。

4.2.1　消极破坏反应

被妒忌者在感受到妒忌者的破坏以后，根据社会交换理论，被妒忌者可能会采取破坏性行为对妒忌者进行反击。例如，被妒忌者可能无礼粗暴地对待妒忌者和其他同事（Mao et al.，2020）；自恋型被妒忌者在意识到自己受到他人妒忌后，很可能向妒忌者进行更强烈的自我炫耀（Braun et al.，2018），加深妒忌者的痛苦情绪，陷入恶性的职场妒忌循环。

4.2.2　中庸回避反应

因为职场被妒忌者往往有遭到妒忌者破坏、报复的可能性，所以感到被妒忌会诱发员工对潜在伤害、威胁的恐惧与担忧（黄庆、蒋昀洁、蒋春燕，2019）。因此被妒忌者可能主动减小自己的领先优势，刻意降低工作表现、隐瞒、自我贬低、道德伪善、冷漠逃避（刘得格、黄晓治、陈文晶等，2018），以中庸回避行为来避免与妒忌者可能产生的冲突。根据情绪认知评价理论，黄庆等（2019）认为造成被妒忌者反应不同的是核心自我评价，核心自我评价较低的被妒忌者可能采取中庸回避行为。

4.2.3　积极建设反应

被妒忌也可能被视为一种正向反馈。部分被妒忌者会将被妒忌视为他人对自己能力的肯定，因自己被妒忌而感到自豪。这种令人愉悦的正向反馈有助于他们体验到优越感和成就感（刘得格、黄晓治、陈文晶等，2018），并激励他们继续积极进行自我提升，保持自我优势，积极投入工作。

被妒忌者还可能接近妒忌者，做出释放友好信号的亲社会行为、帮助其进行自我提高，以此减弱妒忌者的痛苦情绪，减少妒忌的不利威胁。例如，核心自我评价高的被妒忌者更倾向于采取主动亲近的积极建设反应（黄庆等，2019）；当妒忌参与双方的亲密度越高时，被妒忌者越可能采取积极建设行为来帮助朋友提高自我水平，摆脱妒忌的不良影响（Puranik et al.，2019）。

此外，妒忌参与双方在组织中的地位与被妒忌者的行为选择也有很大关系。例如，由于上级领导在组织中拥有一定地位和权力，在向下妒忌中，作为下属的被妒忌者可能更倾向于"藏拙"的中庸回避行为。而作为上级领导的被妒忌者则不大可能因为下属的妒忌而刻意隐藏实力，根据被妒忌者的不同性格特征和综合情境，他们可能会采取辱虐管理的消极破坏性行为，或者帮助下属提升的积极建设行为。

在职场妒忌的研究中，对被妒忌者的关注度直到近几年才开始提高，目前关于被妒忌者的研究仍不充分，这些行为反应尚未得到有力的验证，有待未来研究的深入讨论。下面将对产生不同职场妒忌行为、反应的影响因素进行具体讨论。

5. 职场妒忌的影响因素

在现实的职场情境中，妒忌者的行为与之后被妒忌同事的反应都受到个人特征、妒忌双方的关系与组织情境等多方面因素的综合影响。

5.1 个人因素

5.1.1 核心自我评价

在学者们对职场妒忌行为的影响因素讨论中，核心自我评价是受到最多关注的。Judge 等人（1998）认为核心自我评价包括自尊、自我控制、神经质和一般自我效能感四大人格特质，妒忌者和被妒忌者两方都会受到核心自我评价的影响。

不少研究将核心自我评价作为一个整体概念来讨论其对职场妒忌行为的影响。根据情感的社会功能理论，一个人的自身资源可以塑造他们如何看待社会环境。Lee 和 Duffy（2019）的研究认为，拥有较高的核心自我评价的妒忌者更可能利用妒忌带来的建设性机会，低核心自我评价的妒忌者更倾向于对被妒忌者采取破坏性行为。妒忌者的核心自我评价将调节自身破坏被妒忌者的程度，较高的核心自我评价降低了破坏被妒忌者的可能性，并通过观察学习和寻求建议促进妒忌者积极地向被妒忌者学习。

此外，黄庆等（2019）基于"情绪认知理论"的实证研究发现，被妒忌正向影响员工的积极情绪和消极情绪，核心自我评价在此影响中发挥干涉调节作用，高核心自我评价的被妒忌员工会通过产生积极情绪增加工作投入，积极情绪又可以部分中介被妒忌员工与工作投入之间的关系，而消极情绪则完全中介被妒忌员工与工作投入间的关系。因此，对于被妒忌者来说，核心自我评价高者心理更加强大，会以积极的心态来看待被妒忌，自信地面对同事妒忌的潜在威胁，这种威胁成为他们继续努力工作的善意压力。核心自我评价低的被妒忌者则更容易陷入对职场妒忌的恐慌、担忧等负面情绪，一方面被妒忌者会因为应对被妒忌而浪费精力，减少工作投入（Lee et al.，2018；李志成、占小军、王震等，2018）；另一方面甚至还会主动减小自己的领先优势，刻意降低工作表现、隐瞒、自我贬低、道德伪善、冷漠逃避（刘得格、黄晓治、陈文晶等，2018）。上述策略在向下妒忌、平级妒忌中较为常见，但如果被妒忌者是上级领导，由于组织正式权力、地位、优势以及工作义务等原因，被妒忌者则不太可能会采取降低表现、隐瞒和自我贬低策略。

不少研究将核心自我评价的人格特质进行细分讨论。其中自尊总是被学者作为妒忌者采取行动的中介变量加以研究（Cohen-Charash & Mueller，2007；Crusius et al.，2020）。研究认为，不利的社会比较通过引起自尊威胁，进而导致职场妒忌的产生，并转化为旨在缩小比较差距的行为反应。自尊威胁是社会比较与职场妒忌之间的一个中介，与低自尊相比，自尊高的员工在面对与同事不利的社会比较时，会形成强烈的认知冲突，产生更高的妒忌（Zhang，2020），这从理论上揭示了社会比较与妒忌之间联系的机制和条件。与自尊威胁紧密联系的一个概念是"面子"，面子是个体形成的有关别人对自己在社交圈中地位、身份、声望、被尊重与认可评价的一种自我概念感知（刘得格等，2019）。由于上级领导在职场中的特殊地位，自尊威胁在向下妒忌中表现得尤为突出。"面子"受损后，上级领导受到来自下属的自尊威胁更强烈，向下妒忌也会更容易产生，并以辱虐管理和监督自我改进的形式触发了妒忌的适应性策略（Yu et al.，2018）。

感知到的自我控制也是核心自我评价中的一个重要成分，是导致妒忌者采取建设性行为或破坏性行为的关键（Crusius et al.，2020）。当妒忌者对改善自己的结果感到高度控制时，妒忌者更倾向于采取建设性行为，反之亦然（Lange et al.，2016；van de Ven et al.，2009，2012）。此外，学者们认为越是神经质的妒忌者越敏感脆弱，更倾向于采取破坏性行为（Lange et al.，2018），而一般自我效能感高的妒忌者能充分肯定自我价值和能力，更倾向于视"不利的比较差距"为可以完成的挑战，往往采取建设性行为（Cohen-Charash & Larson，2017）。

5.1.2　自恋倾向

自恋倾向也是一个重要影响因素。自恋者具有自我夸大、剥削、傲慢和以自我为中心的特质，拥有无限成功或权力的幻想。Krizan 和 Johar 认为（2012）当表达自恋时，浮夸型的自恋者（grandiose narcissistic）会使人产生专横、好斗、爱出风头的人际关系，而脆弱型的自恋者（vulnerable narcissistic）则表现为焦虑、敏感和易受生活创伤，脆弱型的自恋者与性格妒忌有关。回顾以往的妒忌研究可以发现，脆弱型的自恋者与情景妒忌的 5 个认知成分中的 4 个（自卑感、抑郁感、主观不公正信念和敌对情绪）正相关，增加了妒忌的可能性。部分原因是他们的自我概念和对外界支持的感知较低，同时受到高度神经质的影响（Miller et al.，2012）。作为妒忌者，他们容易感到自卑和敌意（Miller et al.，2012）这两种妒忌的核心成分。作为被妒忌者，带有脆弱特征的自恋者对妒忌敌意带来的潜在威胁更加敏感、焦虑，倾向于采取回避的中立策略或破坏性策略。

但实际上，研究发现与妒忌相关的并非只有脆弱型自恋者，浮夸型自恋者也在妒忌行为中扮演着微妙的角色。浮夸型自恋者被以自我为中心以及傲慢和权力的感觉所驱使，这导致他们常常剥削他人，如吹牛、抢夺功劳、推卸责任，这些被自恋者剥削的同事在遭遇相对剥夺时，容易因权力而产生妒忌（Neufeld & Johnson，2016）。这在向下妒忌中较为少见，因为自恋者自身具有的优越感和自我夸大让上级领导不愿承认自己在与下属的比较中处于劣势。但浮夸型自恋者一旦产生妒忌则会更加强烈，这是由于他们自我夸大的特质和优越感的信念与目标同事带来的现实威胁形成认知冲突。Braun 等人（2018）通过实证发现领导者自恋（leader narcissism）使领导与追随者的关系处于危险之中时，追随者会产生恶意妒忌，参与到针对上级领导的反生产行为中。但作为被妒忌者，浮夸型自恋者往往不太可能发现自己处于引人妒忌的境地，因为他们在自我的第一印象中是很受欢迎的。即使是在意识到被妒忌以后，浮夸型自恋者也可能将同事的妒忌视作一种自我能力的正面反馈，一方面可能会引发被妒忌者的积极情绪，并对妒忌者做出亲社会行为；另一方面也可能会采取更加高调的行为刺激妒忌者，但这一点尚未得到实证支持，有待未来学者的考证。

5.1.3 其他个人因素

应得感（deservingness）在职场妒忌中也是一个不容忽略的个人因素。如果妒忌者认为被妒忌者的结果是应得的，妒忌者更倾向于采取积极建设性行为（Lange et al.，2016；van de Ven et al.，2009，2012）。Crusius 等人（2020）发现，当妒忌者认为被妒忌者不应得时，则会采取更高程度的破坏。此外，学者们认为感知获得资源的能力、对资源的权力、对妒忌的认知和接受（Crusius et al.，2020）、组织支持感（Crusius et al.，2020）、社会认同与道德脱离（Duffy et al.，2012）等个人因素对职场妒忌也有重要影响。

5.2 妒忌双方的关系

有学者认为妒忌者与被妒忌者之间的关系也影响着妒忌行为（Crusius et al.，2020；黄庆、蒋昀洁、蒋春燕，2019）。在向下妒忌中，Yu、Duffy、Tepper（2018）研究发现，当上级领导认为被妒忌的下属冷漠和有能力时，他们更有可能对向下妒忌引起的自尊威胁作出辱虐反应；而当他们认为被妒忌的下属热情和有能力时，他们更有可能以自我改进的方式作出反应。这将上下级的亲密关系作为上级领导在向下妒忌中采取辱虐管理或自我改进的行为决定因素，从而解释了上级领导在向下妒忌中的不同行为。实际上，妒忌双方的关系不光是在向下妒忌中发挥作用。Lee、Duffy（2019）和 Yu 等（2018）也同样认为在向上妒忌、平级妒忌中，亲密的友谊关系将削弱妒忌者破坏被妒忌者优势的程度。妒忌者在与被妒忌者拥有亲密友谊关系时，比起伤害被妒忌者，他们更倾向于利用自身的妒忌情绪，通过向自己的朋友也就是被妒忌者，寻求建议或者观察学习等来提高自己，以缩小与被妒忌者之间的优势差距。

被妒忌者的反应也受到妒忌双方关系的影响。Puranik 等（2019）认为员工之间的相互依赖程度将调节被妒忌者在妒忌归因后对同事做出的"接近—回避行为"。在更高的相互依存度的情况下，员工更倾向于采取以接近为导向的行为，而非以回避为导向的行为（Miceli & Castelfranchi，2007）。高质量的交流在增强妒忌双方的亲密关系上起到积极作用，因此，员工的回避行为与高质量的同事交流负相关，员工的接近行为与高质量的同事交流正相关。

5.3 组织因素

研究发现，妒忌者与被妒忌者之间温暖亲密的关系可以减少妒忌的破坏性发展的可能性（Yu et

al.，2018），而放大到整个组织中，平级同事、上下级都有机会扮演妒忌双方的角色，彼此的关系与组织氛围互相作用。一个拥有温暖、开放氛围的组织利于促进组织成员的沟通，一方面沟通让信息更充分，减少不确定性带来的威胁感；另一方面沟通将利于同事、上下级之间友谊的建立，从而使组织内员工更倾向于以建设性行为作为妒忌的反应。同时，群体内的认同增加员工的自我价值感（Yu et al.，2018）。温暖开放的组织氛围也给予组织内员工以支持感，减少不安全感和焦虑感，促使妒忌双方采取建设性行动（Tai et al.，2012）。相反，冷漠、疏离的组织氛围则可能致使组织内的妒忌双方采取破坏性行为，这与上级领导倾向于对冷漠、有能力的被妒忌下属作出辱虐管理的反应（Yu et al.，2018）的研究发现一致。

此外，学者发现竞争性的组织氛围会导致妒忌和社会破坏（Duffy et al.，2008）。这是因为高竞争的组织氛围让员工的未来地位产生了不确定性，由此引起的妒忌使员工警惕潜在的威胁，并促使他们管理自己的社会环境。而在注重合作、盛行集体主义的组织文化中，员工往往希望有助于团队的有效性，从而可以利用妒忌来做出建设性行为。同时在这样的组织情境中，妒忌者更倾向于隐藏妒忌，被妒忌者更难以察觉，也会更加慎重地对他人的妒忌做出反应，如采取谦虚、自我贬低等策略。

职场妒忌的影响因素、行为反应和后果归纳如表2所示。

表2　　　　　　　　　　　职场妒忌的影响因素、行为反应以及后果分类

1. 影响因素	
个人因素	①核心自我评价（Judge et al.，1998；Lee & Duffy，2019；黄庆、蒋昀洁、蒋春燕，2019） 自尊（Cohen-Charash & Mueller，2007；Crusius et al.，2020；Zhang，2020） 自我控制（Crusius et al.，2020；Lange et al.，2018；Lange et al.，2016；van de Ven et al.，2009，2012） 神经质（Lange et al.，2018；Miller et al.，2012） 一般自我效能感（Cohen-Charash & Larson，2017） ②自恋（Krizan & Johar，2012；Miller et al.，2012；Neufeld & Johnson，2016；Braun et al.，2018） ③应得感（Lange et al.，2016；van de Ven et al.，2009，2012；Crusius et al.，2020） ④其他个人因素（Crusius et al.，2020；Duffy et al.，2012）（如：对获得资源的感知能力、组织支持感、对资源的权力、对妒忌的认知和接受、社会认同与道德脱离）
双方关系	温暖亲密/冷漠疏离（Yu et al.，2018；Lee & Duffy，2019；Puranik et al.，2019；Crusius et al.，2020）
组织因素	组织支持（Yu et al.，2018） 组织地位（Yu et al.，2018；Nickerson，2014） 组织氛围（Tai et al.，2012；Duffy et al.，2008；Dunn & Schweitzer，2006）
2. 妒忌者行为	
行为分类	破坏性行为（Miceli & Castelfranchi，2007；Yu & Duffy，2016）　建设性行为（Cohen-Charash & Larson，2017；Tai et al.，2012；van de Ven et al.，2009）

续表

2. 妒忌者行为		
具体行为	①社交破坏性行为（Duffy et al.，2012；Veiga et al.，2014） ②排斥焦点员工（Kim & Glomb, 2014） ③拆台破坏（李志成、占小军、王震、祝振兵，2018） ④反生产行为（Duffy et al.，2012） ⑤辱虐管理（Yu et al.，2018）	①观察学习 ②增加沟通 ③寻求建议 ④自我提升（Lee & Duffy, 2019）

3. 被妒忌者反应		
反应分类	消极破坏反应	中庸回避反应	积极建设反应

| 具体反应 | ①破坏性行为反击（如无礼对待同事）（Mao et al.，2020）
②自我炫耀（Braun et al.，2018） | ①自我贬低
②道德伪善
③冷漠逃避
④刻意降低工作表现（Jensen et al.，2014；刘得格、黄晓治、陈文晶等，2018） | ①主动亲近
②增加沟通
③帮助同事提升（Puranik et al.，2019；Yu et al.，2018；Lee & Duffy, 2019） |

4. 职场妒忌的后果		
	负面后果	正面后果
个人	①分散工作投入（Lee et al.，2018；李志成、占小军、王震等，2018） ②降低创新意愿 ③降低个人绩效 ④侵蚀自我价值 ⑤降低未来职业抱负（Tai et al.，2012）	①增加目标动力 ②增加工作投入（Dineen et al.，2017；Lange & Crusius，2015；刘得格、李文东、陈文晶，2017） ③提升人际交往技能（刘得格、黄晓治、陈文晶等，2018）
组织	①降低合作意愿 ②团队分离 ③削弱创新氛围 ④降低团队满意度 ⑤降低组织效率 ⑥降低组织绩效（Behler et al.，2020）	增强学习竞争氛围

6. 职场妒忌的后果

6.1 职场妒忌对个人的影响后果

对于个人来说，经历职场妒忌的痛苦往往会导致个人发生许多转变。一是注意力的转变。妒忌者的注意力将更多地放在对同事的破坏上，被妒忌者也会因自己遭到同事妒忌而焦虑不安，将注意力转移到对同事妒忌的回应上。即职场妒忌会使妒忌双方转移注意力，精力分散，工作投入减少，导致工作绩效降低（黄庆、蒋昀洁、蒋春燕，2019）。

二是情绪的转变。"不利的比较差距"和"被妒忌"的潜在威胁，可能会给妒忌双方带来焦虑不安的消极情绪（黄庆、蒋昀洁、蒋春燕，2019），无形中降低员工的工作表现。而以"不利的比较差距"为挑战的妒忌者和以"被妒忌"为正向反馈的被妒忌者，他们往往会产生积极的情绪，改进工作、增加工作投入，同时以更开放、积极的态度处理人际关系，在组织中采取更多亲社会行为。

三是自我认知方面的转变。反复的不利比较会削弱妒忌者的自信心，降低核心自我评价，长期的痛苦致使妒忌者的自我价值也遭到侵蚀。短期来看，这会直接影响妒忌者的工作投入和工作表现，减少创新意愿；长远来看，自我价值感的降低会进一步降低妒忌者的职业抱负和发展规划，反过来，职业抱负的降低也会影响妒忌者现在的工作表现。但自我认知的转变也不完全是负面的。"不利的比较差距"在降低妒忌者的自我认知的同时，也给予了妒忌者一个较近的努力目标，超过目标的激励可能成为妒忌者改进工作的动力，会促使妒忌者主观地增加工作投入和工作热情。积极地看，认知到自己被妒忌也会让被妒忌者产生未来可能被超过的危机感，从而持续地提高自我的工作能力。这种接近"良性竞争"的状态对于妒忌双方的工作表现都有正面的作用。

6.2 职场妒忌对组织的影响后果

对于组织来说，妒忌通过妒忌者与被妒忌者的亲社会行为和反社会行为将妒忌的后果扩展到了人际关系中。一方面，经历过妒忌的人往往怀有敌意和怨恨，对团队的满意度降低，从而减少了他们的组织公民行为（Zhang，2020），或采取社会破坏和反生产行为（Duffy et al.，2012）。高绩效员工更容易成为团队成员妒忌的目标和受害者（Kim & Glomb，2014），当高绩效员工意识到自己被妒忌时，他们会降低对团队内其他成员的信任，同时可能会减少努力。因此，这些职场妒忌的破坏性行为不仅会同时降低自我和同事的工作效率及工作投入，减少创新行为，还会通过人际关系扩展到整个组织，降低团队有效性和凝聚力等。另一方面，妒忌者也可能采取观察学习、寻求建议来进行自我提高，缩小与被妒忌者之间的差距；被妒忌者也会愿意主动亲近妒忌的同事，采取帮助行为。这些亲社会行为会在一定程度上加强彼此交流合作、改善人际关系，这不仅有利于妒忌双方合作意愿的增加、知识的共享，还有利于调节组织内部的交往、工作氛围，进而对组织绩效产生建设性的影响。

总的来说，妒忌通过妒忌者与被妒忌者可能的亲社会行为与反社会行为影响彼此（也包括无关的第三方）对团队的满意度、凝聚力、合作意愿、工作氛围，进而影响组织内成员的工作投入、工作效率、团队有效性，最终影响到整个组织的绩效水平和目标的实现。

7. 未来研究方向

现有研究成果在职场妒忌的概念发展、影响因素、行为后果等方面取得了积极进展，但关于被妒忌者归因、文化背景、时间维度、群体层次妒忌等问题的深层次探索相对缺乏，在研究方法综合运用方面亦存不足，亟待广大学者在本领域做进一步挖掘与探讨。

7.1 被妒忌者的归因相关问题

妒忌具有隐蔽性（Parrott, 2016），必须从别人身上推断出来（Yu & Duffy, 2016）。因此学者们倾向于关注员工在得出这种妒忌推断之后的反应，更注重研究被妒忌的后果，而没有充分解释这些感知的形成过程。那么员工如何相信自己被人妒忌呢？在大多数情况下，学者们只是假设被妒忌的员工意识到了这一点（Behler et al., 2020），把这件事看作既定的，将自我"表现优异"作为对妒忌的一种解释（Kim & Glomb, 2014）。Scott 等人（2015）指出了归因于被妒忌的重要性，被妒忌者会将工作中某些消极行为归因于妒忌，并没有考虑到将积极行为归因于妒忌的可能性。Puranik 等人（2019）构建了妒忌归因理论来说明员工如何以及何时将同事的何种行为归因于妒忌，弥补了对妒忌感知形成过程的研究空白。但这种出于推理的妒忌归因可以确定是正确的吗？一旦情感归因是错误的，那么随情感而来的行为就是在对情境的误解中产生的。因此，归因准确性的问题尤为重要，对关于职场妒忌"前因后果"的模型有着复杂的影响。希望未来的研究者重视并解决这一问题。

此外，被妒忌者归因后，采取亲社会行为还是社交破坏性行为的反应受到觉察到的妒忌性质、亲密关系、核心自我评价、自恋倾向、文化背景等因素的影响。但由于现阶段对于被妒忌者的研究很少，被妒忌者行为的影响因素有哪些、它们如何产生影响，这些问题需要得到更多实证证据的支持。此外，被妒忌者的反应对妒忌者的进一步行为又有何影响（如被妒忌者所采取的亲社会行为反应对妒忌者的建设性行为是否有积极影响）？这种动态的交互影响也有待未来研究的检验。

7.2 时间因素

时间因素是一个容易被忽略，但可能对妒忌作用机制产生重要影响的因素。Reh 等人（2018）探讨了时间社会比较，揭示出职场妒忌不仅局限于目前的比较优势，还包含未来的潜在优势，时间在妒忌过程中的重要意义尚有巨大的研究空间。Lee 和 Duffy（2019）引入一个理论模型，解释了可以在核心自我评价和友谊影响下减少妒忌，并通过学习促进工作绩效，这也进一步拓展了职场妒忌的未来研究方向。在妒忌的痛苦情绪影响下，妒忌者起初可能会积极面对，努力提升自我来实现目标，但经过长时间努力却并没有缩小自己与被妒忌者之间的差距时，妒忌者会如何反应？是继续作出建设性的努力，或试图将妒忌转化为欣赏？还是会因求而不得而放弃自我提升的积极行为，转而破坏被妒忌者优势？再或者，随时间的推移，妒忌者成功地缩小了与被妒忌者的差距，甚至超过了被妒忌者，其妒忌心理会消失吗？是否会把注意力集中在另一个目标上进行比较？

一项对妒忌进行更长时间重复测量的研究，或者一项模拟多次妒忌事件的研究，将特别有助于回答这些问题。以往对妒忌的研究侧重于单一的、一次性的情感事件，因此，建议未来研究进一步探索时间累积效应对职场妒忌的作用机制。

7.3　社会文化背景

在以往的研究中，不少学者已经发现社会文化背景对妒忌、被妒忌会起到重要作用，刘得格、李文东和陈文晶（2017）认为，中庸文化下的思维一方面可能会抑制恶意妒忌的消极影响，使员工做出具有折中、和谐和全局性的行为；另一方面，可能会强化被妒忌和亲社会行为等应对策略之间的关系。但文化因素对职场妒忌的作用探索尚处于起步阶段，文化与妒忌、被妒忌之间的关系仍需要进一步的挖掘。未来研究可检视不同文化作用的差异性，通过分析不同文化背景下的职场妒忌来加深对文化背景作用机制的理解，并利用实证研究验证现有职场妒忌理论成果能否扩展至不同文化背景下的组织。

7.4　从群体层面的视角来分析职场妒忌

近年来，国内外学者对职场妒忌的概念、性质（善意、恶性）、影响因素、作用机制等都进行了广泛研究。但这些研究都只关注于个体妒忌的层面，尚未考虑在群体层面的职场妒忌。然而，在现实的工作环境中，团队合作的工作形式逐渐取代个人独立工作方式，成为组织运营的基础。在公司内部，来自不同部门的员工之间进行的互动也主要是代表各自部门进行的群际互动，组织中企业内外的竞争也都通过团队竞争，即团队锦标赛（team tournament, group contest）的形式表现出来。员工始终处在各种正式或非正式群体内，员工与组织群体无时无刻不在相互影响，如组织中团队规模的大小、领导者的个人因素等。因此，将职场妒忌从个体层面拓展到群体层面进行研究、探索，从双重性质、效应的强弱程度及影响因素等多方面比较职场妒忌在群体与个体层面的差异，不仅可以极大拓展职场妒忌的理论视野，还可以为防范和治理团队竞争中的群体妒忌行为提供理论支撑与现实依据。

7.5　综合的研究方法设计

目前，妒忌的操作化定义和测量仍然是职场妒忌研究的一个重大分歧，研究者在对职场妒忌进行概念化时，应该避免对职场妒忌的价值判断和刻板看法（如主观色彩的"好"或"坏"，"善"或"恶"），尽量用相对客观的科学术语将嫉妒反应分类（Crusius et al.，2020），如"建设性的"／"破坏性的"，或者"功能性的"／"功能失调的"。在测量时，学者们应使用经过验证的职场妒忌量表（如 Cohen-Charash，2009；Lange & Crusius，2015）。在研究方法设计时，除使用自我报告、间接询问与直接观察相结合的方式来控制反应偏差外，还可考虑综合使用回忆法、叙事分析法、日记法、实地实验或实地研究等多种方法研究职场妒忌（Cohen-Charash & Mueller，2007；Lange et al.，2016；Lange & Crusius，2015；van de Ven et al.，2012），以弥补某一特定方法的局限。

◎ 参考文献

[1] 黄庆，蒋昀洁，蒋春燕. 被妒忌员工的情绪反应与工作投入——情绪认知评价视角 [J]. 软科学，2019, 33（3）.

[2] 李志成，占小军，王震等. 基于情绪认知评价的员工绩效压力——对亲组织非伦理行为的影响研究 [J]. 管理学报，2018, 15（3）.

[3] 刘得格，李文东，陈文晶. 恶意妒忌和善意妒忌的影响因素与作用机制 [J]. 心理科学进展，2017, 25（2）.

[4] 刘得格，黄晓治，陈文晶等. 被妒忌：一种矛盾体验 [J]. 心理科学进展，2018, 26（1）.

[5] 刘得格等. 组织行为学领域妒忌研究的不同视角、分歧和未来方向 [J]. 心理科学进展，2019, 27（10）.

[6] 吕逸婧，彭贺. 工作场所中的妒忌研究综述 [J]. 经济管理，2014, 36（9）.

[7] 赵金金，于水仙，王妍. 社会比较视角下同事晋升对知识型员工职业倦怠影响机制研究——基于情景妒忌和面子需要的作用 [J]. 软科学，2017, 31（4）.

[8] 朱智贤. 心理学大辞典 [K]. 北京：北京师范大学出版社，1989.

[9] Behler, A. M. C., Wall, C. S. J., Bos, A. D., et al. To help or to harm? Assessing the impact of envy on prosocial and antisocial behaviors [J]. Personality and Social Psychology Bulletin, 2020, 46（7）.

[10] Braun, S., Aydin, N., Frey, D., et al. Leader narcissism predicts malicious envy and supervisor-targeted counterproductive work behavior: Evidence from field and experimental research [J]. Journal of Business Ethics, 2018, 151（3）.

[11] Castelfranchi, C., & Miceli, M. The cognitive-motivational compound of emotional experience [J]. Emotion Review, 2009, 1（3）.

[12] Cohen-Charash, Y. Episodic envy [J]. Journal of Applied Social Psychology, 2009, 39（9）.

[13] Cohen-Charash, Y., & Larson, E. C. An emotion divided: Studying envy is better than studying "benign" and "malicious" envy [J]. Current Directions in Psychological Science, 2017, 26（2）.

[14] Cohen-Charash, Y., & Mueller, J. S. Does perceived unfairness exacerbate or mitigate interpersonal counterproductive work behaviors related to envy? [J]. Journal of Applied Psychology, 2007, 92（3）.

[15] Crusius, J., Gonzalez, M. F., Lange, J., et al. Envy: An adversarial review and comparison of two competing views [J]. Emotion Review, 2020, 12（1）.

[16] Dineen, B. R., Duffy, M. K., Henle, C. A., & Lee, K. Green by comparison: Deviant and normative transmutations of job search envy in a temporal context [J]. Academy of Management Journal, 2017, 60（1）.

[17] Duffy, M. K., Scott, K. L., & Shaw, J. D. A social context model of envy and social undermining [J]. Academy of Management Journal, 2012, 55（3）.

［18］Duffy, M. K., & Shaw, J. D. The salieri syndrome consequences of envy in groups ［J］. Small Group Research, 2000, 31（1）.

［19］Duffy, M. K., Shaw, J. D., & Schaubroeck, J. M. Envy in organizational life ［M］//R. H. Smith. Envy: Theory and research. Oxford: Oxford University Press, 2008.

［20］Fam, J. Y., Yap, C. Y. L., Murugan, S. B., et al. Benign and malicious envy scale: An assessment of its factor structure and psychometric properties ［J］. Psychological Thought, 2020, 13（1）.

［21］Gold, B. T. Enviousness and its relationship to maladjustment and psychopathology ［J］. Personality and Individual Differences, 1996, 21（3）.

［22］Heikkinen, E., Nikkonen, M., & Aavarinne, H. "A good person does not feel envy": Envy in a nursing community ［J］. Journal of Advanced Nursing, 1998, 27（5）.

［23］Jensen, J. M., Patel, P. C., & Raver, J. L. Is it better to be average? High and low performance as predictors of employee victimization ［J］. Journal of Applied Psychology, 2014, 99（2）.

［24］Judge, T. A., Locke, E. A., Durham, C. C., & Kluger, A. N. Dispositional effects on job and life satisfaction: The role of core evaluations ［J］. Journal of Applied Psychology, 1998, 83（1）.

［25］Kim, E., & Glomb, T. M. Victimization of high performers: The roles of envy and work group identification ［J］. Journal of Applied Psychology, 2014, 99（4）.

［26］Krizan, Z., & Johar, O. Envy divides the two faces of narcissism ［J］. Journal of Personality, 2012, 80（5）.

［27］Lange, J., & Crusius, J. Dispositional envy revisited: Unraveling the motivational dynamics of benign and malicious envy ［J］. Personality and Social Psychology Bulletin, 2015, 41（2）.

［28］Lange, J., Crusius, J., & Hagemeyer, B. The evil queen's dilemma: Linking narcissistic admiration and rivalry to benign and malicious envy ［J］. European Journal of Personality, 2016, 30（2）.

［29］Lange, J., Weidman, A. C., & Crusius, J. The painful duality of envy: Evidence for an integrative theory and a meta-analysis on the relation of envy and schadenfreude ［J］. Journal of Personality and Social Psychology, 2018, 114（4）.

［30］Lee, K., & Duffy, M. K. A functional model of workplace envy and job performance: When do employees capitalize on envy by learning from envied targets? ［J］. Academy of Management Journal, 2019, 62（4）.

［31］Lee, K. Y., Duffy, M. K., Scott, K. L., et al. The experience of being envied at work: How being envied shapes employee feelings and motivation ［J］. Personnel Psychology, 2018, 71（2）.

［32］Mao, Y., He, J., & Yang, D. The dark sides of engaging in creative processes: Coworker envy, workplace ostracism, and incivility ［J］. Asia Pacific Journal of Management, 2021, 38（4）.

［33］Menon, T., & Thompson, L. Envy at work ［J］. Harvard Business Review, 2010, 88（4）.

［34］Miceli, M., & Castelfranchi, C. The envious mind ［J］. Cognition and Emotion, 2007, 21（3）.

［35］Miller, J. D., Price, J., Gentile, B., et al. Grandiose and vulnerable narcissism from the perspective of the interpersonal circumplex ［J］. Personality and Individual Differences, 2012, 53 （4）.

［36］ Neufeld, D. C., & Johnson, E. A. Burning with envy? Dispositional and situational influences on envy in grandiose and vulnerable narcissism ［J］. Journal of Personality, 2016, 84 （5）.

［37］ Nickerson, J. How to battle boss envy ［M］//Government executive. Hamilton: Atlantic Media, Ltd. , 2014.

［38］ Parrott, W. G. The benefits and threats from being envied in organizations ［M］//Richard H. Smith, et al. Envy at work and in organizations. Oxford: Oxford University Press, 2016.

［39］ Parrott, W. G. , & Smith, R. H. Distinguishing the experiences of envy and jealousy ［J］. Journal of Personality and Social Psychology, 1993, 64 （6）.

［40］ Patient, D. , Lawrence, T. B. , & Maitlis, S. Understanding workplace envy through narrative fiction ［J］. Organization Studies, 2003, 24 （7）.

［41］ Podsakoff, P. M. , MacKenzie, S. B. , & Podsakoff, N. P. Recommendations for creating better concept definitions in the organizational, behavioral, and social sciences ［J］. Organizational Research Methods, 2016, 19 （2）.

［42］ Puranik, H. , Koopman, J. , Vough, H. C. , et al. They want what I've got （I think）: The causes and consequences of attributing coworker behavior to envy ［J］. Academy of Management Review, 2019, 44 （2）.

［43］ Reh, S. , Tröster, C. , & Van Quaquebeke, N. Keeping （future） rivals down: Temporal social comparison predicts coworker social undermining via future status threat and envy ［J］. Journal of Applied Psychology, 2018, 103 （4）.

［44］ Scott, K. L. , Tams, S. , Schippers, M. C. , et al. Opening the black box: Why and when workplace exclusion affects social reconnection behaviour, health, and attitudes ［J］. European Journal of Work and Organizational Psychology, 2015, 24 （2）.

［45］ Smith, R. H. , Parrott, W. G. , Diener, E. F. , et al. Dispositional envy ［J］. Personality and Social Psychology Bulletin, 1999, 25 （8）.

［46］ Tai, K. , Narayanan, J. , & McAllister, D. J. Envy as pain: Rethinking the nature of envy and its implications for employees and organizations ［J］. Academy of Management Review, 2012, 37 （1）.

［47］ van de Ven, N. Envy and its consequences: Why it is useful to distinguish between benign and malicious envy ［J］. Social and Personality Psychology Compass, 2016, 10 （6）.

［48］ van de Ven, N. Envy and admiration: Emotion and motivation following upward social comparison ［J］. Cognition and Emotion, 2017, 31 （1）.

［49］ van de Ven, N. , Zeelenberg, M. , & Pieters, R. Leveling up and down: The experiences of benign and malicious envy ［J］. Emotion, 2009, 9 （3）.

［50］ van de Ven, N. , Zeelenberg, M. , & Pieters, R. Why envy outperforms admiration ［J］. Personality and Social Psychology Bulletin, 2011, 37 （6）.

［51］van de Ven, N. , Zeelenberg, M. , & Pieters, R. Appraisal patterns of envy and related emotions ［J］. Motivation and Emotion, 2012, 36（2）.

［52］Vecchio, R. Explorations in employee envy：Feeling envious and feeling envied ［J］. Cognition and Emotion, 2005, 19（1）.

［53］Veiga, J. F. , Baldridge, D. C. , & Markóczy, L. Toward greater understanding of the pernicious effects of workplace envy ［J］. The International Journal of Human Resource Management, 2014, 25（17）.

［54］Vidaillet, B. Lacanian theory's contribution to the study of workplace envy ［J］. Human Relations, 2007, 60（11）.

［55］Yu, L. , & Duffy, M. K. A social-contextual view of envy in organizations. In：Envy at work and in organizations ［M］. Oxford University Press, 2016.

［56］Yu, L. , Duffy, M. K. , & Tepper, B. J. Consequences of downward envy：A model of self-esteem threat, abusive supervision, and supervisory leader self-improvement ［J］. Academy of Management Journal, 2018, 61（6）.

［57］Yukl, G. Leadership in organizations ［M］. Pearson Education Limited, 2019.

［58］Zhang, C. The effects of upward social comparison on workplace envy：Moderate of gender identification and self-esteem ［J］. American Journal of Industrial and Business Management, 2020, 10（3）.

Behaviors, Reactions and Consequences of Envy in the Workplace：A Review

Yan Wei[1]　Tian Mi[2]　Zhang Yong[3]

(1, 2, 3　School of Economics and Business Administration, Chongqing University, Chongqing, 400030)

Abstract：Workplace envy, as a kind of work emotion or behavior problem based on social comparison, has attracted more and more attention from theoretical and practical circles in recent years. The previous studies rarely combine the envier with the envied, which is not conducive to a comprehensive understanding of the workplace envy mechanism. Based on the literature review of workplace envy, this paper discusses the interactions between the envier and the envied, and the consequences of workplace envy on individuals and organizations by integrating the influences of personal characteristics, the relationship between the envious parties and organizational environment factors. We also propose future research directions such as workplace envy attribution, time, collective envy, and research methods design.

Key words：Workplace envy；Social comparison；Interactions；Organizational relations

专业主编：杜旌

珞珈管理评论
2022 年卷第 1 辑（总第 40 辑）

Luojia Management Review
No. 1, 2022 (Sum. 40)

受助者视角的帮助行为：
后果、影响因素与作用机制[*]

● 詹元芳[1]　龙立荣[2]　周金帆[3]　李梓一[4]

（1，2，4　华中科技大学管理学院　武汉　430070；3　南京大学商学院　南京　210000）

【摘　要】以往组织情境下的帮助行为研究大多站在帮助者的单边视角，探讨帮助行为对帮助者、团队和组织绩效的影响，较少从受助者的视角来考虑接受帮助给受助者的心理和行为所带来的影响。本文回顾了帮助行为的相关研究，梳理了受助者视角下接受帮助的定义与类型，回顾了受助研究的理论基础，总结了接受帮助对受助者的直接影响，以及受助者对帮助者产生的间接影响，并探讨了影响后果的调节变量，在此基础上提出组织情境中受助者视角下帮助行为的未来研究方向。

【关键词】帮助行为　受助视角　受助者　组织公民行为　角色外行为

中图法分类号：C93　　　　文献标识码：A

1. 引言

知识经济时代，外部环境瞬息万变，组织内部工作任务的复杂性和互依性也越来越高，组织成员之间的相互帮助有助于实现资源、知识和技能的互补，促进工作问题的高效解决。在此背景下，帮助行为越来越多地受到了理论和实践界的关注（金杨华等，2021）。帮助行为的概念起源于利他行为，意为向他人提供帮助而不求回报（Barnard，1938）。在组织行为学领域，帮助行为被当作组织公民行为（Organizational Citizenship Behavior，OCB）的构成要素之一（Smith et al.，1983），众多实证研究发现帮助行为会产生诸多益处，有助于增强团队精神和凝聚力，提高团队和组织整体绩效，促进组织长期成长和发展（如 Ehrhart，2018；Spitzmuller & Van Dyne，2013）。然而近年来，越来越多研究结果表明帮助并不总是有益的。不少研究发现帮助行为会对帮助者产生负面影响，降低帮助者的

* 基金项目：国家自然科学基金面上项目"知恩图报还是恩将仇报？帮助者和受助者互动视角的帮助行为研究"（项目批准号：71772072）。

通讯作者：李梓一，E-mail：liziyizoe@163.com。

工作进程感知，导致帮助者的自我控制资源受到损耗，进而削弱帮助者的幸福感，帮助者越会减少随后的帮助行为（如 Gabriel et al.，2018；Koopman et al.，2016；Lanaj et al.，2016；Lin et al.，2020）。从受助者角度来看，帮助可能导致受助者对他人的过度依赖、令受助者感到无能、自尊受威胁（Alvarez & van Leeuwen，2011；Nadler et al.，2003）。这些研究挑战了"将助人行为完全视为有益行为"的一贯认知（王静等，2019），丰富了学界对帮助行为影响后果的理解。

帮助行为的研究主要分为两种视角：帮助者（help-giving）视角以及受助者（help-receiving）视角，与之对应的研究主体是帮助提供者（help provider）和帮助接受者（help recipient）。随着学者对个体主动行为的关注，主动寻求帮助的受助者视角也越来越受到关注（Bamberger，2009）。以往组织情境下的帮助行为研究集中在帮助者的单边视角（Nadler，2015），或者将受助与帮助视为一个整体的研究视角（宋珂等，2018）。作为帮助—受助二元关系中相对"被动"的一方，受助者视角的研究相对有限，大多局限于社会学、社会心理学等领域，缺乏工作中同事关系、上下级关系以及熟人和生人关系兼具的组织情境。然而，帮助行为过程中，帮助者的体验和感受与受助者往往不完全对等（Toegel et al.，2013）。对于受助者而言，帮助行为并非总是"有益的"（helpful），有时可能是"无益的"（unhelpful）甚至"有害的"（harmful）（Ehrhart，2018）。同时，由于帮助行为的过程是由帮助者和受助者的互动构成的，受助者的心理感受和行为反应也会作用于帮助者，影响帮助的过程和未来的人际互动（Lee et al.，2019）。因此，在探讨帮助行为的效果时，受助者视角不容忽视，以受助者为主体探讨助人行为的影响因素和结果能更加全面地理解帮助行为在工作场所的影响作用。

目前，多位学者从帮助、求助、个体、团队等不同的角度和层次梳理了帮助行为的概念、前因与后果（毛畅果和孙健敏，2011；金杨华等，2021；宋珂等，2018；周文娟等，2013；王静等，2019），推动了帮助行为领域的研究进展。作为帮助过程中不可忽视的另一端，基于受助者视角的研究在不断增加，但相关研究相对比较分散。因此，本文认为有必要对相关研究进行梳理和总结，为后续研究提供参考。本文将从以下几个方面展开论述：第一，理清受助的定义和类型；第二，梳理受助行为的理论基础；第三，探讨接受帮助对受助者的直接影响、受助者对帮助者产生的间接影响，以及影响受助结果的调节变量；第四，提出从受助者角度进行帮助行为研究的未来发展方向。

2. 接受帮助的定义与类型

帮助和受助是一个问题的两个角度，根据帮助行为的定义，组织中的受助行为是指员工从其他同事那里获得与工作相关问题的支持（Thompson & Bolino，2018）。按照 OCB 的理念，组织中的帮助行为包含三个要素：（1）帮助行为的提供出于自愿；（2）帮助的内容与工作相关，帮助的对象是组织中的其他成员；（3）帮助行为的性质是角色外行为。然而一些学者指出，施助者与受助者在有关帮助是否角色外行为的问题上往往存在差异，例如上级对下级的帮助行为往往被下级认为是上级的角色内行为（Toegel et al.，2013）。此外，作为一种亲和—促进性的组织公民行为，帮助行为被认为能使受助者直接获益，并使团队和组织间接获益（Spitzmuller & Van Dyne，2013）。然而，帮助不总是"有益的"，或者说，一些帮助者所认为的帮助行为，对于受助者而言并非"真正的"帮助

(Ehrhart, 2018)。所以,以往研究只关注帮助者提供帮助的视角是不全面的,有必要将受助者视角纳入帮助行为研究的框架,注意到帮助者与受助者看待帮助行为的差异。

随着对组织中帮助行为研究的深入,学者们基于帮助行为的目的、内容、形式,对帮助行为作出进一步分类。

(1) 根据帮助行为的目的,Podsakoff 等人 (2000) 将帮助分为帮助他人解决困难与问题 (helping others with work-related problems) 和帮助他人预防工作中的潜在问题 (preventing the occurrence of work-related problems)。国内学者宝贡敏和钱源源 (2011) 沿用这种分类方式,将帮助行为区分为问题解决式帮助行为和知识分享式帮助行为。类似的,Nadler 和 Chernyak-Hai (2014) 将帮助行为分为自主导向型帮助 (autonomy-oriented help) 和依赖导向型帮助 (dependency-oriented help)。前者指的是帮助者提供解决问题的方法和技巧,使受助者在日后可以自主解决相关的问题;后者则是指帮助者提供解决问题的完整方案,或直接替受助者解决问题,由于受助者并没有学会解决问题的方法,在未来可能还是无法解决类似问题,从而对他人产生依赖。因此自主导向型帮助是"授人以渔",而依赖导向型帮助是"授人以鱼"。

(2) 根据帮助的内容,Bamberger (2009) 将帮助分为工具型帮助 (instrumental help) 和情感型帮助 (emotional help)。前者涉及与工作任务有关的帮助,又称为任务相关帮助 (task-related help),是指帮助者提供具体的、以问题为中心的、有形或目标导向的帮助,以完成某项具体的任务或达到某一目标;后者包含了分享情感、表达安慰、同情、关心、理解、鼓励等行为。此外,一些学者将涉及个人问题和情感支持的帮助行为称为个人问题有关的帮助 (personal help)。

(3) 根据帮助发生的方式,Spitzmuller 和 Van Dyne (2013) 区分了自发型帮助 (proactive help) 和应答型帮助 (reactive help),前者是指受助者没有求助而得到帮助,所获得帮助是由帮助者自发提供的;后者则是指受助者求助后得到帮助,帮助者提供的帮助满足了受助者的需要。

3. 受助研究的理论基础

对待帮助的反应并不是一个单维的概念,而是多维动态的一系列相关现象。接受帮助相关的情境直接影响受助者对于自己以及他人的感觉、评价和行为。关于接受帮助的理论基础包括社会交换理论、自尊威胁模型以及归因理论。

3.1 社会交换理论

社会交换理论 (social exchange theory) (Blau, 1964) 认为人际交往是相互作用、相互回报的。社会交换理论的基本原则是互惠规范,当一方提供给另一方资源或帮助时,受惠方有义务回报,而长期的互惠关系的存在将产生信任、忠诚、承诺 (Cropanzano & Mitchell, 2005)。基于社会交换理论,当受助者获得帮助时,受助者会产生感恩或者负债感 (Schaumberg & Flynn, 2009),以及信任 (Halbesleben & Wheeler, 2015)。负债感是一种理性计算,感恩是一种自然的情感反应,信任则是愿意承担相关的风险。基于社会交换的互惠原则，包括直接互惠和间接互惠，受助者进而也可能做出亲社会行为。

3.2　自尊威胁模型

自尊威胁模型（threat to self-esteem model）认为受助者接受帮助后的反应是比较复杂的，既会对自我概念形成积极的影响，也会对自我概念造成威胁（Fisher et al., 1982）。当帮助传达出积极信息时，例如感知到帮助者对受助者的关心，或者获得他人提供的物质和信息等情况下，受助者认为帮助是支持性的。与上述特点相反，当接受帮助使个体感觉自己能力较差、自尊心受挫或者接受了并不需要的帮助时，接受帮助造成更多的消极影响，并威胁自我。该理论大多运用于社会学和社会心理学。而最近，学者在组织背景下提出，受助会降低员工的任务自我效能感和组织自尊，尤其是在男性文化和面子文化的中国组织中，受助更可能被看作给他人增加负担、能力不足的表现，但是该理论模型尚未得到实证检验（Chou & Chang, 2017）。

3.3　归因理论

归因理论（attributional theory）认为个体在人际交往时，会对自己或他人的行为进行分析，推测这些行为产生的动机，归因的方式将影响个体未来的行为方式（Heider, 1958）。Chou 等人（2019）认为受助者对待帮助的反应取决于对帮助者动机的归因，这种归因会贯穿受助的三个阶段，即受助前、受助过程中和受助后。在受助者接受帮助之前，当受助者认为帮助者可能出于亲社会动机时，会乐于接受帮助，而认为帮助者可能是自利性动机时，倾向于拒绝接受帮助。因为帮助者的亲社会动机反映的是帮助者对受助者的真诚关心和爱护，有利于形成帮助者与受助者的互相信任关系和长期互惠关系（Bolino, 1999; Rubenstein et al., 2020），而帮助者的工具性动机则反映了帮助者的自利目的。在接受帮助的过程中，从受助者视角来看，接受帮助不仅意味着自身的能力不足和对他人的依赖，也表明受助者在知识上比不上帮助者，因此受助者越会做出一些保护自身自尊的行为（Deelstra et al., 2003; Nadler & Fisher, 1986）。在接受帮助后，受助者对帮助行为结果的评价会受到前阶段对帮助者归因的影响。如果帮助者是出于亲社会动机而给予帮助，那么无论与工作相关的问题是否顺利解决，受助者都会表达感激以及在日后做出互惠行为。如果受助者认为帮助者是出于工具性动机而给予帮助，那么当工作问题解决时，受助者会认为这是一个双赢的结果，但是当工作问题并没有顺利解决时，受助者反而会记恨帮助者。

4. 接受帮助的前因与后果

4.1　接受帮助的影响因素

并不是所有员工都愿意接受组织中他人的帮助，员工对受助的看法以及具体因素会影响员工是否愿意接受帮助。

（1）性别。与女性相比，男性更加看重独立，因此接受帮助的意愿也更低（Fisher et al.，1982）。

（2）受助信念。受助者对接受帮助的信念影响了接受帮助的意愿，Thompson 和 Bolino（2018）认为员工可能对接受同事帮助抱有负面的信念，如认为受助会影响个人形象、说明个人能力不足、影响个人独立性等。当个体对受助持有负面的信念时，会较少接受帮助。

（3）帮助者对帮助情境的熟悉程度。帮助者对帮助情境的熟悉程度会影响受助者对帮助者移情能力和利他动机的判断，进而影响受助者接受帮助的意愿。帮助者对帮助情境越不熟悉，受助者越会认为帮助者的移情能力更低，工具性动机更高，有效提供帮助的可能性越小，因此接受其帮助的意愿也更低（Borinca et al.，2020）。

（4）受助者归因。在接受帮助之前，受助者会对帮助者的帮助动机进行归因（Chou et al.，2019）。当受助者认为帮助者可能出于亲社会动机时，会乐于接受帮助，而认为帮助者可能是自利性动机时，会拒绝接受帮助，因为帮助者的亲社会动机反映的是帮助者对受助者的真诚关心和爱护，有利于形成帮助者与受助者的互相信任关系和长期互惠关系，而帮助者的工具性动机则反映了帮助者的自利目的，例如为了进行印象管理和获得提拔等。与此同时，受助者会衡量接受帮助可能获得的收益和拒绝帮助可能造成的损失。

4.2 接受帮助对受助者个人的直接影响

以往研究普遍认为帮助对受助者具有积极的影响（Ehrhart，2018），获得帮助会提高受助者的幸福感，因为他人的帮助体现了亲密与和谐的人际关系，受助者会感到自己被关怀（Weinstein & Ryan，2010）。员工在工作中通过得到他人的帮助能获得新的知识、技术和信息（Nadler et al.，2003），提升工作绩效（Podsakoff et al.，2000）。近年来，越来越多研究表明受助的结果往往是喜忧参半的：

（1）情感与认知。DePaulo 等人（1983）发现，相比没有得到帮助的人而言，在所有问题上都得到帮助（无论是否需要帮助）的人会产生更多负面的情感，而那些获得必要帮助的人则会有更多积极情感。Lee 等人（2019）发现，相比接受他人主动帮助，应答式受助使受助者的自尊威胁更小，帮助的效率更高。Deelstra 等人（2003）通过对48个临时的行政工作者的研究发现，他人强加的帮助会让人产生消极反应，即使面临无法解决的工作难题，他人强加的帮助所产生的影响也并不是积极的而是中性的。因为强加的帮助会使受助者产生消极情绪，降低积极情绪，损害受助者对自身基于能力的自尊，对帮助者的评价以及对帮助的合适性评价都会降低。相比无法解决工作难题，被动接受帮助的消极影响更大。Zhang 等人（2020）的研究发现，接受依赖型的帮助而不是自主型的帮助，并且当帮助者地位更高时，受助者基于向上比较会产生相对剥夺感。Zhan 等人（2021）最近的一项研究发现，当员工获得同事的主动帮助时，会产生更多积极情感；而当员工向同事请求帮助而后获得应答型帮助时，则会产生更多回报义务感。

（2）工作结果。DePaulo 等人（1983）发现，接受帮助对受助者的任务绩效会产生影响，高自尊的受助者在接受帮助后，为了挽回自己的自尊以及日后避免再向他人寻求帮助，会付出努力提高自己的任务绩效；而低自尊的受助者则不存在这种效应。Nadler 等人（2003）发现，寻求帮助与受助者绩效存在曲线关系，获得帮助太少或太多都会对受助者造成负面影响：前者导致无法获得足够的资源，后者则导致对他人的过度依赖，而适度的帮助有助于提升绩效。Rubenstein 等人（2020）发现，当新员工认为来自上级的帮助较多出于他人导向、较少出于个人导向的目的时，他们的绩效和工作清晰度都得到提高。Mueller 和 Kamdar（2011）从求助者的角度探讨了接受帮助对员工创造力的影响，他们认为，求助行为更可能使员工有机会了解各种不同观点，通过有效整合信息，员工可能产生全新的思路和想法，从而有助于提高创造力；然而在回报行为规范下，获得帮助的员工需要花费一定的时间和精力回报帮助者，这将影响他们在自己工作上的投入，从而减弱其创造力。此外，受助者同样会从事帮助行为，例如，随着同事帮助行为的增加，个体也会增加自己的组织导向公民行为（Zhan et al.，2021）。

4.3　接受帮助通过受助者对帮助者的间接影响

除了对受助者个人产生直接影响，接受帮助也会通过受助者反过来影响帮助者。学者指出，受助通常涉及三种指向帮助者的情感体验：感激、负债感和信任（Blau，1964；Halbesleben & Wheeler，2015；Nadler，2015；Schaumberg & Flynn，2009）。

（1）感激。感激是受助者获助后对帮助者产生的积极情感体验（Schaumberg & Flynn，2009）。以往研究表明，当受助者认为：①帮助为他们带来了有价值的结果（Hu et al.，2012）；②帮助者出于好心自愿提供帮助（Weinstein & Ryan，2010）；③帮助者付出了很多努力和代价（Weinstein et al.，2010），受助者会感激帮助者。感激之情将进而影响受助者的回报意愿、提高受助者对帮助者的评价、增进受助者对帮助者的亲密感、促使双方建立长期的互惠关系（Ouyang et al.，2018；Spence et al.，2014；Weinstein et al.，2010）。Lee 等（2019）发现，接受帮助使受助者产生感恩表达，但是不同类型的帮助存在差异，相比帮助者的主动帮助，受助者在寻求帮助后得到帮助会产生更多感恩，受助者对帮助者的感恩也会增加帮助者的幸福感。

（2）负债感。负债感是另一种常见的受助后指向帮助者的情感体验，通常认为这是一种相对负面的情感（Schaumberg & Flynn，2009），受助者可以通过回报他人或相互帮助减轻这种负债感（Alvarez & van Leeuwen，2015）。然而，有研究表明，当受助者感到出于外界压力必须回报帮助者时，这种义务感限制了受助者的自由（Fisher et al.，1982），因此负债感常导致痛苦、不安和怨恨（Greenberg & Shapiro，1971）。虽然负债感也会促使受助者回报帮助者，但受助者往往会对帮助做出较低评价，并且倾向于疏远帮助者（Schaumberg & Flynn，2009）。

（3）信任。同事的帮助是一种重要的资源，当同事以人际公民行为的方式对其他员工投入资源时，受助者会感知到资源的可获得性，对助人者产生信任，并在之后对助人者做出帮助行为，从而使助人者也信任受助者（Halbesleben & Wheeler，2015）。

5. 影响接受帮助后果的调节变量

对于受助者反应的研究大部分来源于社会心理学的结果，且大多采用实验研究以及受助者的自我报告。这些研究结果表明，受助者的反应取决于情境因素（提供帮助的特性和帮助者的特点）以及受助者的个性特征。这三者都会影响受助者对帮助和帮助者的感知（例如对于帮助和帮助者的评价）、自我认知（例如对自己的评价、被帮助后的情感状态）和行为（与帮助者或第三者之间的互惠以及任务绩效）。

5.1 受助者的特征

（1）自尊。与那些低自尊水平的个体相比，高自尊水平的个体感知自己有能力以及具备独立性，在接受帮助的过程中对威胁自我的信息比较敏感。接受帮助会让高自尊水平的人产生较低的自我评价和消极情感，而自尊水平较低的人在接受帮助时则不会感觉受到威胁（Fisher et al.，1982）。

（2）控制感。受助者对未来的控制感影响了受助的后果，当受助者因受助感到自我威胁，控制感强的受助者更可能采取积极应对的方式，在受助后努力自我提升，以重新获得独立性；反之，缺乏控制感的受助者则会体验到更强的无助感，导致受助者未来倾向于依赖他人的帮助（Nadler & Chernyak-Hai，2014）。

（3）动机归因。以往研究表明，受助者对于帮助者的动机归因会影响受助者的体验和结果，当受助者认为帮助者出于内部动机或利他动机提供帮助时，更可能认为帮助是有益的，产生积极情感，回报意愿增强；而当受助者认为帮助者是为了自身特定目的或者迫于外部压力提供帮助时，受助者则会产生消极情感和抵触心理（Chou et al.，2019b；Rubenstein et al.，2020）。

5.2 帮助者的特征

（1）帮助者的努力程度。帮助者的努力程度和为帮助所付出的代价影响了受助者对帮助行为的归因，当受助者认为帮助者付出了较大的牺牲来提供帮助时，倾向于认为帮助是出自对自己的关心，因而对帮助者作出更积极的评价（Weinstein et al.，2010）。不过，一项基于中国样本的研究发现了相反的结果，帮助者的努力程度影响了受助者对帮助功利性目的的解读，举手之劳不大可能被认为是别有用心，但如果帮助耗费了许多努力，受助者则倾向于认为帮助者出于利己的目的提供帮助，他们会因此感到更多的压力和负债感（Hu et al.，2012）。

（2）帮助者与受助者的相似性。当帮助者和受助者所从事的工作技能相似，受助者会体验到消极的社会比较，导致消极的情感和自我评价（Fisher et al.，1982）。相比接受同事的帮助，当帮助提供者是专家时，受助者的情感大多是积极的，如果接受的帮助来源于同伴，则可能产生消极情绪，也会使受助者对帮助者的评价降低（Alvarez & van Leeuwen，2011）。

（3）帮助者与受助者的关系质量。受助者与帮助者关系的亲密程度影响了受助者对帮助意图的看法，亲密的关系导致受助者倾向于认可帮助者的善意（Hu et al.，2012），导致较低的负债压力，以及更强的回报意愿（Fisher et al.，1982）。

（4）帮助者和受助者所处的群体地位差异。相比接受内群体成员的帮助，当接受外群体成员主动提供的帮助时，受助者的自我认同、情感和个人价值都会受到损害。在群体地位不稳定时，低地位群体将较少向高地位群体寻求依赖型帮助，而较多寻求自主型帮助；此外，对来自高权力群体的依赖型帮助，受助者（尤其是那些对自己群体认同较高的受助者）会将帮助者动机归因为其为了巩固现有的优势地位，破坏他们的权力和自主性，因此受助者会产生消极反应（Nadler & Chernyak-Hai，2014）。

5.3 帮助过程的特征

（1）帮助的数量。以往研究表明，帮助数量越多，受助者越倾向于将帮助行为归因为利他动机（Greenberg & Frisch，1972），受助者会更喜欢帮助者、对其做出积极的评价、更愿意与帮助者保持长期的互惠关系（Shaumberg & Flynn，2009）。

（2）帮助过程中的人际公平，即帮助者是否尊重受助者。Flynn 和 Brockner（2003）发现，在帮助者和受助者互动的过程中，相比结果所带来的好处，受助者更在意互动过程中的人际公平。类似的，尚雪松等人（2021）发现，当好心帮倒忙时，受助者的消极反应会被高估，这是因为相比帮助者的能力，受助者更在意他人对自己的温暖程度。

（3）互惠关系。在人际互动过程中，当受助者获得的帮助多于他给予的帮助时，更有可能对帮助者产生感激之情，并对帮助者的能力做出正面评价（Ouyang et al.，2018）。

（4）帮助的类型。Deelstra 等（2003）的研究表明，当帮助是帮助者自发的，而非回应受助者需求的情况下，受助者更容易产生负面反应；而 Weinstein 和 Ryan（2010）的研究则发现，出于自发动机的帮助比出于控制动机的帮助更有效、更可能获得受助者的积极评价；Alvarez 和 van Leeuwen（2011）研究发现，与他人所提供的依赖倾向的帮助相比，当所接受的帮助为自主倾向的帮助时对受助者自尊的威胁较小；Zhan 等人（2021）的研究发现，应答型帮助和自发型帮助分别通过激发受助员工的认知过程和情感过程，促进其做出组织公民行为。

图 1 对受助行为的影响因素、调节变量、中介变量和结果变量进行了归纳和整理。

6. 未来研究展望

在倡导团队运作的今天，组织内的相互帮助自然非常重要。然而，从受助者的角度看，目前的研究结果存在较多的争议和分歧，既有受助者接受帮助后的积极结果（能力提高、绩效改善、提升幸福感），也有更多的消极的结果（如威胁自尊、产生依赖等）。从实验研究结果和实践者自我报告，我们发现，接受帮助对个体的自我感知既能形成有利的影响，也存在不利的方面。还有很多研究问

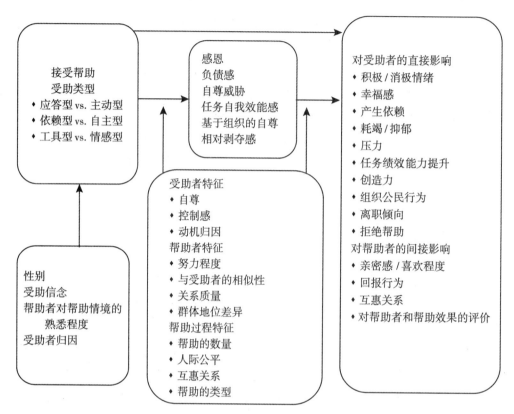

图 1　受助者视角的帮助行为研究现状总结

题在组织情境下没有得到有效的探索。

第一，在组织情境下对以往受助领域研究结论进行扩展与补充。以往关于受助的研究大多集中在社会学、社会心理学、应用心理学领域，这些研究结论大多来源于实验和自我报告，缺乏组织中同事关系、上下级关系以及熟人和生人关系兼具的各种情境，因此研究结论不一定在组织情境下成立。例如，根据自尊威胁模型（threat to self-esteem model），接受帮助会使个体感觉自己能力较差，自尊心受挫，造成自我威胁，并且会对帮助者进行消极评价。然而在组织情境下，员工不仅看重自身的能力水平，人际关系也是重要的方面，在自己需要帮助的时候其他同事愿意伸出援手，也是良好人际关系质量的体现，会让受助者感知到自身被接纳，在组织中获得归属感，进而有利于提高自尊水平，也可能增进帮助者和受助者之间的信任，提高受助者对帮助者的评价。此外，社会心理学的受助研究结果变量集中于受助者自我评价、对帮助者的评价以及积极消极情绪和幸福感，缺乏对受助者组织公民行为、主动行为等重要结果变量的研究。例如，受助者在接受帮助的过程中，会感知到其他同事的关心与支持，进而提高关系自尊，即归属感，同时也感知到自身能力不足，造成了能力自尊的威胁。根据符号互动理论（Burke, 1980），接受帮助对受助者自我概念的影响又会进一步激发受助者后续的行为使之与自我概念保持一致。通过接受帮助，受助者会认为自己被同事接纳，并与其他同事建立了良好的关系，在组织中是受欢迎的。因此，他们更可能做一些关系导向的工作重塑行为，例如尝试与更多的同事接触，进行有意义的人际互动，建立一些关系网络，将更多的时间和精力投入到与他人的联结中以更好完成工作（Wrzesniewski & Dutton, 2001），也会增加对同事的人际公民行为的回报。而受助过程中反映了受助者在某些工作任务上的能力不足，使受助者对自我能力产生消极感知，能力自尊下降会使受助者任务导向的工作重塑行为减少，因为任务重塑强调增加工作任务及其复杂性、挑战性。

第二，探讨不同类型的帮助行为对受助者的心理和行为反应可能产生的不同影响。帮助有不同的分类，根据受助的方法不同，可以将受助分为自主性受助和依赖性受助，即"授人以渔还是授人以鱼"；根据受助的内容，可以分为情感性帮助和工具性帮助；而根据帮助行为的发起对象，可以分为应答式受助和主动式受助。因此，不同类型的帮助所产生的效果应该是不一样的。例如在对受助者自尊的影响效果上，与他人所提供的依赖倾向的帮助相比，当所提供的帮助为自主倾向的帮助时，对自尊的威胁较小。当受助者接受应答式帮助而不是帮助者的主动帮助，受助者的问题解决效率更高，自尊威胁更小（Lee et al., 2019）。相比工具性受助更加聚焦于具体的工作任务，情感性受助主要是帮助者对受助者进行情感上的关心和理解，因此对受助者的自尊威胁更小。但是目前在组织情境下的受助视角研究里，缺乏对不同类型帮助影响机制的探讨，更加细致地探讨不同类型受助产生的差异化效果有利于促进受助行为理论机制的探讨。

第三，文化是影响受助者心理感受的重要背景变量，有必要开展帮助行为的跨文化研究。虽然助人行为是中西方情境下组织公民行为的共同维度，但是中西方文化的差异导致助人行为的内涵范畴以及对待帮助的价值观存在差异，这会进一步影响受助者的心理感受和行为反应（Hu et al., 2021；宋珂等，2018）。在助人行为的内涵上，西方可能更大程度将受助限定在工作领域，聚焦于接受与工作任务相关的帮助，将同事看作事业伙伴，在这种突出工作能力的情况下，接受帮助带给受助者的心理感受更可能是偏消极的。而在中国，帮助的范畴更加广泛，助人不仅存在于工作场所，也同时存在于工作场所之外，同事不仅是事业伙伴，也是朋友，个人的情感、归属也是工作的重要组成部分，这种情况下接受帮助更可能产生积极心理反应，例如感恩和归属感等，帮助者和受助者之间更有利于形成良性的互助循环。在价值观上，西方受个体主义价值观的影响，更加强调独立，而东方（如中国）受集体主义价值观的影响，强调人与人之间的互依性。因此，西方人会将受助看作依赖他人的不独立行为，他人主动的帮助会令受助者产生自尊威胁的消极感受；而东方人则更可能将他人的主动帮助看作帮助者的热心和奉献，进而产生更多的感恩和回报意愿。因此，文化会直接影响受助者对受助行为的差异化解读，进而影响其心理感受和行为反应，未来开展跨文化研究很有必要。

第四，对接受帮助积极效果边界进行拓展和补充。目前关于受助的积极影响研究主要基于社会交换理论，积极结果主要包括受助者感恩以及回报义务感知。社会交换理论认为，接受帮助后个体会进行广义互惠，这一现象得到了诸多研究证实。然而，我们经常会发现，帮助行为不一定会得到回报，也会存在"有恩不报"的情况。其中的原因可能是受助者将得到的帮助看作理所当然，这类受助者可能是马基雅维利主义者（Greenbaum et al., 2017），缺乏感恩之心。也可能是对于受助者来说，并不是所有的帮助都是等价的，客观地说，得到的帮助可能会因为帮助者所付出的努力、潜在动机以及其他相关因素而有所不同，还有可能是因为得到的帮助并不是受助者所需要的，对于受助者来说，帮助的价值不足以引发感恩之心和回报意识。因此，受助者在什么情况下以及对哪种类型的帮助更可能进行回报，已有的研究尚不明晰，受助者的特征、帮助者的特征、帮助的类型以及恩惠的大小等都可能是边界条件。未来的研究可以进一步对受助行为产生积极结果的边界进行探讨，从而使受助行为的研究更加深入和细致。

第五，对受助的消极心理机制进行理论扩展，即什么心理导致受助者"恩将仇报"。目前关于受助的消极影响研究主要基于自尊威胁理论，认为受助会导致受助者对自身形成不独立和能力不足的消极评价，进而造成自尊威胁（Deelstra et al., 2003；Fisher et al., 1982）。未来研究中，我们可以从社会比较理论来探讨受助者可能"恩将仇报"的心理机制，因为社会比较对个体认知评价、情绪体验会产生重要的影响。即使个体接受了帮助，但是当其将自己接受的帮助与他人接受的帮助进行对比时，可能会产生心安理得或理所当然的心理，而当他人接受的帮助比自己多，特别是他人与自身具有竞争关系时，受助者可能会产生失望、愤怒、嫉妒和不公平感，进而做出不利于他人和组织的偏离行为或贬损他人的行为。

第六，采用经验抽样法和纵向研究相结合的方法来探讨受助短期和长期的效果。在研究方法上，以往社会心理学关于受助的研究主要集中于实验法，实验法虽然能排除其他干扰因素，证明因果关系，但是缺乏具体工作情境，忽略了同事之间的关系互依和工作互依性。员工的受助行为发生在员工每天的工作情境中，因此未来研究可以采用经验抽样法（ESM）测量员工具体的受助过程以及当时的具体心理感受，更加细致准确地捕捉受助者的变化。也可以采用纵向数据来追踪探讨组织中的员工在长期接受帮助之后是积极的结果还是消极的结果，更可以采用多方法相结合，以更加全面地认识受助行为的短期和长期效果。

◎ 参考文献

[1] 宝贡敏，钱源源 . 研发团队成员多维忠诚对帮助行为的影响研究 [J]. 科研管理，2011，32（3）.

[2] 金杨华，施荣荣，谢江佩 . 团队中帮助行为的多水平整合模型 [J]. 心理科学进展，2021，29（1）.

[3] 毛畅果，孙健敏 . 组织中的求助行为 [J]. 心理科学进展，2011，19（5）.

[4] 尚雪松，陈卓，陆静怡 . 帮忙失败后我会被差评吗？好心帮倒忙中的预测偏差 [J]. 心理学报，2021，53（3）.

[5] 宋珂，金国华，李铭泽 . 组织中的助人行为：前因、后果及其作用机制 [J]. 中国人力资源开发，2018，35（6）.

[6] 王静，骆南峰，石伟，等 . 施助的代价：助人行为的负面影响及其潜在机制 [J]. 中国人力资源开发，2019，36（7）.

[7] 周文娟，段锦云，朱月龙 . 组织中的助人行为：概念界定、影响因素与结果 [J]. 心理研究，2013，6（1）.

[8] Alvarez, K., van Leeuwen, E. To teach or to tell? Consequences of receiving help from experts and peers [J]. European Journal of Social Psychology, 2011, 41 (3).

[9] Alvarez, K., van Leeuwen, E. Paying it forward: How helping others can reduce the psychological

threat of receiving help ［J］. Journal of Applied Social Psychology, 2015, 45 （1）.

［10］ Bamberger, P. Employee help-seeking: Antecedents, consequences and new insights for future research ［M］//M. J, L. H, & J. A. Research in personnel and human resources management. Bingley, U. K. : Emerald, 2009.

［11］ Barnard, C. I. The function of the executive ［M］. Cambridge, MA: Harvard University Press, 1983.

［12］ Blau, P. M. Justice in social exchange ［J］. Sociological Inquiry, 1964, 34 （2）.

［13］ Borinca, I. , Falomir-Pichastor, J. M. , Andrighetto, L. "How can you help me if you are not from here?" Helper's familiarity with the context shapes interpretations of prosocial intergroup behaviors ［J］. Journal of Experimental Social Psychology, 2020, 87.

［14］ Burke, P. J. The self: Measurement requirements from an interactionist perspective ［J］. Social Psychology Quarterly, 1980, 43 （1）.

［15］ Chou, S. Y. , Chang, T. Being helped and being harmed: A theoretical study of employee self-concept and receipt of help ［J］. Journal of Happiness Studies, 2017, 18.

［16］ Chou, S. Y. , Charles, R. , Tree, C. When is helping considered helping? The recipient's view of helping during the stages of receiving help ［J］. International Journal of Organization Theory & Behavior, 2019, 22 （1）.

［17］ Deelstra, J. T. , Peeters, M. C. W. , Schaufeli, W. B. , et al. Receiving instrumental support at work: When help is not welcome ［J］. Journal of Applied Psychology, 2003, 88 （2）.

［18］ DePaulo, B. M. , Brown, P. L. , Greenberg, J. M. The effects of help on task performance in achievement contexts ［M］//J. D. Fisher, A. Nadler, & B. M. DePaulo. New directions in helping. New York: Academic Press, 1983.

［19］ Ehrhart, M. G. Helping in organizations: A review and directions for future research ［M］//P. M. Podsakoff, S. B. Mackenzie, & N. P. Podsakoff. The Oxford handbook of organizational citizenship behavior. New York: Oxford University Press, 2018.

［20］ Fisher, J. D. , Nadler, A. , Whitcher-Alagna, S. Recipient reactions to aid ［J］. Psychological Bulletin, 1982, 91 （1）.

［21］ Flynn, F. J. , Brockner, J. It's different to give than to receive: Predictors of givers' and receivers' reactions to favor exchange ［J］. Journal of Applied Psychology, 2003, 88 （6）.

［22］ Gabriel, A. S. , Koopman, J. , Rosen, C. C. , et al. Helping others or helping oneself? An episodic examination of the behavioral consequences of helping at work ［J］. Personnel Psychology, 2018, 71 （1）.

［23］ Greenbaum, R. L. , Hill, A. , Mawritz, M. B. , et al. Employee machiavellianism to unethical behavior: The role of abusive supervision as a trait activator ［J］. Journal of Management, 2017, 43 （2）.

［24］ Greenberg, M. S. , Shapiro, S. P. Indebtedness: An adverse aspect of asking for and receiving help ［J］. Sociometry, 1971, 34 （2）.

［25］ Halbesleben, J. R. B. , Wheeler, A. R. To invest or not? The role of coworker support and trust in daily reciprocal gain spirals of helping behavior ［J］. Journal of Management, 2015, 41 （6）.

［26］ Heider, F. The psychology of interpersonal relations ［M］. New York: Wiley, 1958.

［27］ Hu, Y. , Gan, Y. , Liu, Y. How Chinese people infer helpers' ambiguous intentions: Helper effort and interpersonal relationships ［J］. International Journal of Psychology, 2012, 47 （5）.

［28］ Koopman, J. , Lanaj, K. , Scott, B. A. Integrating the bright and dark sides of OCB: A daily investigation of the benefits and costs of helping others ［J］. Academy of Management Journal, 2016, 59 （2）.

［29］ Lanaj, K. , Johnson, R. E. , Wang, M. When lending a hand depletes the will: The daily costs and benefits of helping ［J］. Journal of Applied Psychology, 2016, 101 （8）.

［30］ Lee, H. W. , Bradburn, J. , Johnson, R. E. , et al. The benefits of receiving gratitude for helpers: A daily investigation of proactive and reactive helping at work ［J］. Journal of Applied Psychology, 2019, 104 （2）.

［31］ Lin, W. , Koopmann, J. , Wang, M. How does workplace helping behavior step up or slack off? Integrating enrichment-based and depletion-based perspectives ［J］. Journal of Management, 2020, 46 （3）.

［32］ Mueller, J. S. , Kamdar, D. Why seeking help from teammates is a blessing and a curse: A theory of help Seeking and individual creativity in team contexts ［J］. Journal of Applied Psychology, 2011, 96 （2）.

［33］ Nadler, A. The other side of helping: Seeking and receiving help. In D. A. Schroeder & W. G. Graziano （Eds. ）, The Oxford handbook of prosocial behavior ［M］. Oxford, U. K. : Oxford University Press, 2015.

［34］ Nadler, A. , Chernyak-Hai, L. Helping them stay where they are: Status effects on dependency/ autonomy-oriented helping ［J］. Journal of Personality and Social Psychology, 2014, 106 （1）.

［35］ Nadler, A. , Ellis, S. , Bar, I. To seek or not to seek: The relationship between help seeking and job performance evaluations as moderated by task-relevant expertise ［J］. Journal of Applied Social Psychology, 2003, 33 （1）.

［36］ Ouyang, K. , Xu, E. , Huang, X. , et al. Reaching the limits of reciprocity in favor exchange: The effects of generous, stingy, and matched favor giving on social status ［J］. Journal of Applied Psychology, 2018, 103 （6）.

［37］ Podsakoff, P. , MacKenzie, S. , Paine, J. , et al. Organizational citizenship behaviors: A critical review of the theoretical and empirical literature and suggestions for future research ［J］. Journal of Management, 2000, 26 （3）.

［38］ Rubenstein, A. L. , Kammeyer-Mueller, J. D. , Thundiyil, T. G. The comparative effects of supervisor helping motives on newcomer adjustment and socialization outcomes ［J］. Journal of Applied Psychology, 2020, 105 （12）.

［39］ Schaumberg, R. , Flynn, F. J. Differentiating between grateful and indebted reactions to receiving help ［M］ //S. R. Thye & E. J. , Lawler. Altruism and prosocial behavior in groups. Bingley:

Emerald Group Publishing Limited，2009.

[40] Smith, C. A., Organ, D. W., Near, J. P. Organizational citizenship behavior: Its nature and antecedents [J]. Journal of Applied Psychology, 1983, 68 (4).

[41] Spence, J. R., Brown, D. J., Keeping, L. M., et al. Helpful today, but not tomorrow? Feeling grateful as a predictor of daily organizational citizenship behaviors [J]. Personnel Psychology, 2014, 67 (3).

[42] Spitzmuller, M., Van Dyne, L. Proactive and reactive helping: Contrasting the positive consequences of different forms of helping [J]. Journal of Organizational Behavior, 2013, 34 (4).

[43] Thompson, P. S., Bolino, M. C. Negative beliefs about accepting coworker help: Implications for employee attitudes, job performance, and reputation [J]. Journal of Applied Psychology, 2018, 103 (8).

[44] Toegel, G., Kilduff, M., Anand, N. Emotion helping by managers: An emergent understanding of discrepant role expectations and outcomes [J]. Academy of Management Journal, 2013, 56 (2).

[45] Weinstein, N., DeHaan, C. R., Ryan, R. M. Attributing autonomous versus introjected motivation to helpers and the recipient experience: Effects on gratitude, attitudes, and well-being [J]. Motivation and Emotion, 2010, 34 (4).

[46] Weinstein, N., Ryan, R. M. When helping helps: Autonomous motivation for prosocial behavior and its influence on well-being for the helper and recipient [J]. Journal of Personality and Social Psychology, 2010, 98 (2).

[47] Wrzesniewski, A., Dutton, J. E. Crafting a job: Revisioning employees as active crafters of their work [J]. Academy of Management Review, 2001, 26 (2).

[48] Zhan, Y-F., Long, L-R., Zhou, K., et al. Feeling obliged or happy to be a good soldier? Employee cognitive and affective reactions to receiving reactive and proactive help [J/OL]. Asia Pacific Journal of Management, 2021.

[49] Zhang, H., Deng, W., Wei, L. Individual-based relative deprivation as a response to interpersonal help: The roles of status discrepancy and type of help [J]. British Journal of Social Psychology, 2020, 59 (2).

Helping Behavior from the Recipient Perspective: Consequences, Moderators and Mechanisms

Zhan Yuanfang[1]　Long Lirong[2]　Zhou Jinfan[3]　Li Ziyi[4]

(1, 2, 4　School of Management, Huazhong University of Science and Technology, Wuhan, 430070;

3　School of Business, Nanjing University, Nanjing, 410093)

Abstract: The majority of the previous researches in workplace helping behavior has been concerned with the one-sided perspective of helpers, unfortunately, a comprehensive understanding of the psychological and behavioral impacts of receiving help in organizational settings from the recipient-side is still limited. The current paper provides a recipient-centric perspective on helping, shifting the limelight from the helper to the recipient. By reviewing prior studies, we clarified the definition and classification of receiving help at the workplace; reviewed the main theories that have been used in help-receiving research; summarized the direct effects of receiving help on recipients, as well as the indirect effects on helpers through recipients' response; and specified the influential factors that may impact the consequences of receiving help. Finally, we delineated potential avenues for future research.

Key words：Helping behavior; Recipient perspective; Recipient; OCB; Extra-role behavior

专业主编：杜旌

珞珈管理评论

2022 年卷第 1 辑（总第 40 辑）

Luojia Management Review

No. 1，2022（Sum. 40）

中国情境下领导冒犯的多元感知及其趋避机制*

● 李 嫄[1] 侯 爽[2] 王雪莲[3] 刘 兵[4]

（1，2，3，4 河北工业大学经济管理学院 天津 300401）

【摘 要】在当今中国情境下，员工对于领导冒犯感知更加敏感，但应对方式趋于内隐化。本研究采用关键事件法和内容分析法，围绕员工回溯提供的 180 个领导冒犯事件，探究了领导冒犯的不同表现形式及其对员工近远端趋避行为的影响差异。研究发现，中国职场中员工感知认定的领导冒犯可扩展为九种形式，从属于目标妨碍、规则违背、地位及权益贬损三大原有冒犯类型；它们经由不同趋避指向性的消极情绪驱动被冒犯方下属产生近远端趋避型行为，其中"专业能力贬损→远离性情绪→远端回避型行为"是触发频率最高与关系联结最强的路径，"组织自尊贬损→攻击性情绪→近端趋近型行为"路径次之；三大类型领导冒犯事件所引发的下属应对行为反应也存在明显差异。

【关键词】领导冒犯感知 趋避应对机制 消极情绪

中图分类号：F272.9 文献标识码：A

1. 引言

近年来，职场冒犯领域中领导的负面行为受到了全球范围内学者们的关注，来自领导方的冒犯已然成为大多数员工面临的一种跨越空间限制的共同性问题。但也有研究表明，不同地域的本土情境使职场中员工的领导冒犯感知边界及其应对策略存在差异（Kim & Leung，2007；付美云等，2014；袁凌等，2021）。进入 VUCA 时代，中国职场竞争日益激烈，工作节奏不断加快，使员工对工作中与领导间的摩擦和冲突更为敏感，而在"上尊下卑""以和为贵"等传统文化的深刻影响下，员工往往通过心理和行为上更加内敛的方式来处理与领导间的关系。智联招聘《2020 年白领生活状况调研报告》显示，超过六成的受访白领认为领导的"画饼利用""安排不合理工作内容"等行为

* 基金项目：国家自然科学基金项目"领导冒犯情境下员工'宽—容'不一致的行为效应及其转化机制研究"（项目批准号：71702043）；河北省自然科学基金项目"以德报怨，何以报德？职场宽容的跨层次意义建构机制研究"（项目批准号：G2019202343）。

通讯作者：王雪莲，E-mail：13502122406@163.com。

也构成了对自身权益的威胁与冒犯，并且面对冒犯大多数人选择了"忍气吞声""逃避离职"的应对方式，这给冒犯事件的双方与组织的长远发展埋下了很大的隐患。因而，立足中国职场的现实情境研究员工感知的领导冒犯多元形式，解析被冒犯方的行为应对机制，对于加强员工身心健康管理，促进上下级和谐互动，推动组织良性发展具有重要意义。

领导冒犯是指领导对下属造成伤害的负面行为，其伤害性以下属感知为前提（Mitchell & Ambrose，2012）。目前有关领导冒犯的研究分散于破坏型领导、职场冒犯等领域，集中在辱虐、排斥等具有显见性特点表现形式的研究上（王洪清和彭纪生，2016；詹思群和严瑜，2021），对于中国情境下员工对领导隐性化冒犯的感知研究相对滞后。将领导冒犯这一负面刺激视为触发下属一系列行为的源头（Mitchell & Ambrose，2012；Hershcovis et al.，2018），以往学者多通过实证研究关注到领导冒犯事件会通过诱发被冒犯方下属的情绪，进而产生不同的行为反应或倾向（Mayer et al.，2012；谢俊和储小平，2018），其间消极情绪是促使被冒犯方员工产生应对行为的关键推动力（孙旭等，2014）。但尚未有研究对"领导冒犯事件—被冒犯方消极情绪—被冒犯方趋避型行为反应"这一完整的作用过程及其间的具体驱动机制进行探究。鉴于此，在当前中国职场的现实情境中，员工何以感知领导冒犯，又以何种行为对领导冒犯做出回应？不同类型的消极情绪在中间起着怎样的驱动作用？这是值得进一步深入探究的问题。

本文拟立足于"领导冒犯事件"这一刺激源，采用关键事件法对当前中国职场情境下员工经历的领导冒犯事件进行调查，并通过内容分析法归纳员工感知领导冒犯的不同表现形式；结合趋避理论，揭示不同指向性情绪在领导冒犯事件与下属行为反应间的作用机制，厘清不同类型领导冒犯事件对员工趋近和回避冒犯方领导的近远端行为差异。

2. 文献回顾与理论基础

2.1 领导冒犯的界定

在冒犯领域研究中，学者们使用"职场冒犯"一词来描述工作场所中人际发生的不当对待，其具体含义指工作场所中个体受到来自上级或同级等不同主体的伤害行为，其中占据较高组织地位的领导一方是职场冒犯的最主要来源，即领导冒犯（Griffin & Lopea，2005；Sharma，2018）。领导冒犯泛指由领导方发出并被下属所感知到的不当行为，关注的是领导行为的阴暗面（Mitchell & Ambrose，2012）。目前有关领导负面行为的研究涉及主管破坏、主管不文明、辱虐、领导欺凌、领导排斥、暴君领导等构念（Aquino & Thau，2009；Hershcovis，2011），其关注点涵盖了从浅层的言语攻击到深层的精神控制，有着较为宽泛的研究边界。但从本质上来看，这些构念都是从被冒犯方感知的角度强调领导负面行为对下属造成伤害，都属于领导冒犯。通过对这些概念进行梳理，发现领导冒犯的含义具有三方面的外延，即领导冒犯的行为意图、行为持续性与行为结果。

从行为意图角度来看，领导冒犯既包括强调明确意图的主管破坏行为，也包括无意图的主管不文明行为。主管破坏行为强调领导做出了意图阻碍下属建立积极人际关系或者获得荣誉的举动

（Duffy et al.，2002），而主管不文明行为则是没有明确意图的对某个成员表现出的无礼言语和非言语伤害（占小军，2017）。从行为持续性角度来看，领导冒犯既包括持续性较长的辱虐管理、领导欺凌，也包括偶然性的领导不文明行为，其持续性是不确定的。其中，辱虐管理、领导欺凌都体现出领导对下属高强度冒犯的鲜明特征，是领导对下属施加的持续迫害的管理方式（Einarsen，2000；Tepper et al.，2009），容易导致冒犯事件的不断升级，而主管不文明行为则是短暂的偶然性冒犯。从行为结果角度来看，领导冒犯既包括会造成心理伤害的领导排斥行为，也包括会造成生理伤害的暴君行为、领导欺凌等行为。领导对下属隐蔽性的排斥，会对下属造成极大的心理折磨（陈志霞和涂红，2017），而暴君行为、领导欺凌还强调了会给下属造成生理上的伤害（Ashforth，1997）。综合以上内容可以看出，领导冒犯是一个包含不同领导负面行为构念及其特征的综合性概念，其实质是领导方的冒犯举动令下属感受到了不同程度的生理或心理伤害。领导冒犯概念丛的梳理如表1所示。

表1　　　　　　　　　　　　　　　　领导冒犯概念丛梳理

冒犯构念	定　　义	特　　征	学　者
主管破坏	领导长期阻碍下属建立和保持积极的人际关系、与工作相关的成功和良好声誉的行为	意图：有意图 频率：断续/持续 结果：心理伤害	Duffy 等，2002
主管不文明	伤害意图模糊、有违职场规范的低强度冒犯行为	意图：无意图 频率：断续 结果：心理伤害	占小军，2017
辱虐管理	领导在工作中对下属持续暴露出的语言或非语言性的敌意行为，不包含身体接触	意图：有/无意图 频率：持续 结果：心理伤害	Tepper 等，2009
领导欺凌	领导重复地对下属做出负性攻击行为	意图：有意图 频率：持续 结果：心理/生理伤害	Einarsen，2000
领导排斥	领导有意或无意、明显或隐秘的忽视、排挤等	意图：有/无意图 频率：断续/持续 结果：心理伤害	陈志霞和涂红，2017
暴君领导	专横、任性，滥用权力打压员工甚至是报复	意图：有/无意图 频率：持续 结果：心理/生理伤害	Ashforth，1997

2.2　冒犯事件的分类

对于冒犯事件的分类，目前西方学者从公平感知的角度出发，认为冒犯事件可以笼统地划分为三类，即目标妨碍、规则违背、地位及权益贬损（Fox & Spector，2005；Aquino et al.，2006；Tripp et al.，2007）。目标妨碍是指个体工作目标的实现受到他人妨碍，例如其他同事的晋升导致自身无法获得晋升机会（Tripp et al.，2007）；规则违背指的是组织内正式或非正式的规则、规范或礼仪被打破，扰乱了组织内的秩序，例如为了个人利益在事后改变规则、违背正式合同、有预谋的背叛以及缩减工作职责等（Kramer & Tyler，1996）；地位及权益贬损则是个体的身份和地位受到威胁、打击和贬低，例如残暴或过于严苛的领导、错误的指责、公开的侮辱和嘲笑（Kramer & Tyler，1996）。西方学者在冒犯事件类型的划分中并未对冒犯来源的主体进行严格区分，既包含领导方也包含同事方的冒犯。反观中国职场现实情境，在"上尊下卑"文化的影响下，上级对下级的破坏性冒犯行为更加显著与普遍（占小军，2017），并且近年来职场上涌现出令员工感到苦恼甚至痛苦的"不被领导重用""有难处不被领导体谅""被迫喝下'为你好'鸡汤"等多种形式的"冷暴力"行为。有鉴于此，对本土情境下来自领导方的冒犯形式亟待开展进一步深入研究。

2.3　冒犯的趋避机制

趋避理论是解释个体行动倾向形成路径的重要理论。趋近和回避是在外部刺激存在时，人类行为最主要的驱动力量，也代表着两类最基本的反应模式（Elliot，2006），其中，趋近型反应是个体表现出的趋近刺激源的态度和倾向，回避型反应则相反。趋近—回避在人类功能活动中都发挥着重要的驱动作用（Elliot，2008），职场行为领域也不例外，通常被视为"组织行为的核心要素"。

在冒犯领域的相关研究中，趋避理论为冒犯行为提供了基本的研究框架，如表 2 所示，例如 Wee 等（2017）结合趋避这两种动机性力量提出了两种打破领导辱虐恶性循环的趋近型行为策略和回避型行为策略。在这一框架中，刺激源、情绪和行为反应是三个重要的内容变量，其中刺激源为领导冒犯事件（Carver & Harmon-Jones，2009；Barclay & Kiefer，2014；申传刚和杨璟，2020）。Nifadkar 等（2012）和 Ferris 等（2016）等学者通过对领导冒犯情境下员工趋避行为的实证研究发现，主管的言语冒犯会造成员工消极情绪的累积，进而引发回避型的躲避行为；辱虐管理和职场排斥则分别通过诱使下属产生愤怒和焦虑情绪，导致下属产生趋近和回避的行为反应，初步证明了"事件—情绪—行为"这一关系链在冒犯场景应用的有效性。但是对于整体视角下，组织中何种领导冒犯事件会激发何种情绪，进而引发何种具体应对行为的明确路径及其内在驱动机制尚缺乏相关研究。

表 2　　　　　　　　　　　　　冒犯领域趋避机制的相关研究

学者	主要观点	研究方法
Carve 和 Harmon（2009）	愤怒这一因冒犯事件发生而产生的消极情绪，同样也能引发以攻击性为特点的趋近型行为反应产生	—
Barclay 和 Kiefer（2014）	员工感知到的整体公平感负面影响消极情绪，进一步减少动机退缩这一回避型行为；整体公平感则通过积极情绪进一步驱动主动帮助这一趋近型行为	实证研究

续表

学者	主 要 观 点	研究方法
Nifadkar 等（2012）	主管的言语冒犯会造成员工消极情绪的累积，进而引发回避型的躲避行为，而主管的支持则会激发员工的积极情绪，促进趋近型的反馈寻求行为	实证研究
Ferris 等（2016）	辱虐管理通过诱使愤怒情绪导致趋近型的反生产行为，职场排斥通过诱使焦虑情绪导致回避型的反生产行为	实证研究
Wee 等（2017）	结合趋近—回避这两种动机性力量提出打破领导辱虐恶性循环的趋近和回避型行为策略	实证研究
申传刚和杨璟（2020）	领导辱虐所唤起的恐惧情绪驱使员工采取规避行为来回避领导以减少伤害	实证研究

3. 研究方法与过程

3.1 研究方法

本研究采用关键事件法，并基于"事件—情绪—行为"这一路径探究领导冒犯事件的作用机制，其原因在于：（1）领导冒犯事件的作用机制具备发展过程的性质，关键事件法（Critical Incidents Technique，CIT）作为一种反思性回顾的质性研究方法，能让被试从自身经历中提取出印象最为深刻的领导冒犯事件，帮助被试回溯完整的领导冒犯事件发生与应对过程（Aquino et al.，2006）。（2）结合情感事件理论，"事件—情绪—行为"这一作用链条能清楚地解释组织环境下个体的心理和行为过程，可以预测员工可能对领导冒犯产生的情绪与行为（段锦云等，2011）。综合来看，关键事件法的采用可以从参与者视角的情感和行为等不同层面来理解领导冒犯事件，通过对领导冒犯故事进行内容分析，将之归纳到"事件—情绪—行为"这一框架之中，能更加全面、清晰地解释和阐明不同领导冒犯形式的作用路径。

3.2 数据收集

采取问卷调查的方式，令被试下属在情绪平稳的状态下，回忆其在近6个月内遭受直属领导冒犯的经历，并分三部分描写领导冒犯事件的发生与发展、当时的感受以及应对方式。调查之初，研究人员首先给出领导冒犯定义和事件描述示例；接下来，引导被试对发生在自己身上的领导冒犯事件进行回顾；最后，由被试自行完成领导冒犯事件的详细撰写。冒犯事件采集以来自天津、石家庄、唐山等地的MBA学员为对象。经整理，共获取领导冒犯事件216个，其中三部分信息完整的有效事件为180个。有效样本的人口统计结果如下：在性别方面，男性占43.8%，女性占56.2%；在年龄方面，30岁以下的占37.9%，30~35岁的占43.2%，35岁以上的占18.9%；在与领导共事年限上，2年以下的占40.2%，2~4年的占39.7%，4年以上的占21.1%。

3.3　内容分析

（1）编码过程。采用内容分析技术，运用 Nvivo12.0，以每个完整的领导冒犯事件为编码单元，从冒犯事件类型、遭受冒犯当下的感受和应对冒犯的行为反应三大方面提取构念，并对事件描述中所提及的构念间关系加以编码。为了保证内容分析的规范性和科学性，编码工作由两名研究人员共同承担，在对编码规则和定义操作达成一致后，对文本内容进行独立编码并加以汇总与合并，表3展示了部分编码过程。之后，根据已有文献中的相关构念命名，进行对比检核、修订与补充，经概念化与范畴化，最终得到67个三级编码、32个二级编码、9个一级编码和108种类别关系，具体如表4所示。采用 Hayes 和 Krippendorff（2007）提出的信度检验方法，计算得出编码信度为87.5%，信度良好。

表3　　　　　　　　　　　　　　　　　编　码　示　例

编码单元	编码内容
直管领导承诺尽快重新申请人手或调配工作，可是一直没有兑现。我跟直管领导反映我如今怀孕5个月了，也应付不了现在的工作，请尽快安排，他却说："唉，你命苦啊!"（其实部门内有更加清闲的岗位）孕期女职工本应得到适当的优待，我无法接受。我苦笑了两声，也没说什么。我还是如常工作，只是不再加班加点了，工作不急的时候，也适当拖延，怕他再安排其他工作	违背承诺 拒绝员工合理诉求 不满 工作热情消失
由于其秘书对职位晋升无意愿，总是不按时按质完成工作。主管 M 就又把 B 工作安排给我，但 B 工作并不是我的职责范围。我对领导的安排特别反感，并且每次领导都是命令的口气，我都是口头上应付，实际行动上特别被动，往往应付了事	强加工作任务 不耐烦的 敷衍完成任务
因为改革，我们工作量增加了不少，一段时间以后，我们4个人终于熬不住了，向主管领导反馈，他却质疑我们的能力。相反，对工作量并没有我们大但经常向他诉苦的科室却很照顾。我们整个科室都很低落，目前工作仍在做，我却不如之前积极主动，与主管领导也较之前疏远	不公正地评价表现或质疑专业能力 受到打击 工作热情消失

表4　　　　　　　　　　　　三级编码概念化与二级编码范畴化示例

一级编码	频数	二级编码	频数	概念化	三级编码（频数）
规则违背	64	工作任务违背	25	领导违反组织正式规定，不考虑员工个人感受，强行给其增加工作任务	拒绝员工合理诉求（10）、违规侵犯下属权益（9）、强加工作任务（7）
		领导责任违背	24	领导擅自缩减自身的工作职责或者将工作失职之过推给下属	逃避或推卸领导责任（24）
		社会规范违背	21	领导违反社会规范、礼仪或者承诺等非正式规则中的内容	窃取思想或侵占荣誉（8）、说谎或隐瞒关键信息（6）、违背承诺（6）、泄露下属隐私或传播谣言（2）

（2）理论饱和度。当没有新的构念或范畴生成，现有范畴或理论已足以解释目前的数据与现实时，即达到理论饱和（theoretical saturation）（贾旭东和谭新辉，2010）。依照领导冒犯事件回收的先后顺序，每十个冒犯事件为一组，随采随编，图1显示了新构念和新关系的生成趋势。当冒犯事件达到120个时，便无新构念生成；当达到160个时，新关系数量也渐趋于0，基本达到理论饱和。

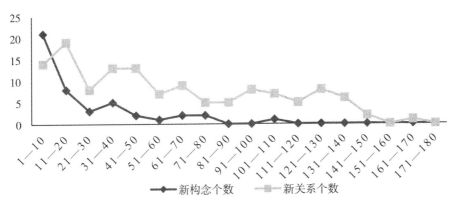

图1　编码中产生的新构念和新关系数量变化趋势

4. 研究发现

4.1 领导冒犯的多元表现形式

在当今中国职场的现实情境中，领导冒犯的表现形式各异，员工的被冒犯感知更是因人而异。如表5所示，经内容分析，共提炼出22种领导冒犯的表现形式构念；再经主题分析，归纳和扩展出9个类别，从属于原有的三大冒犯事件类型：目标妨碍、规则违背和地位及权益贬损。此处需要说明的是，同一个领导冒犯事件可能涉及多种冒犯事件类型，因此存在对单个领导冒犯事件进行多次编码的情形。

（1）目标妨碍类：领导有意或无意地妨碍了员工个人工作目标的达成，招致员工挫败感。包含三种形式：晋升目标妨碍，指领导破格或者不公正地提拔他人，而导致该下属失去晋升的机会；能力目标妨碍，指领导剥夺下属参加培训的机会或不给予下属足够的工作支持；任务目标妨碍，指领导不理睬下属的谏言，工作中固执己见。

（2）规则违背类：领导违背正式规则或者非正式规则，降低员工的组织公民秩序感知、打破个人秩序平衡。包含三种形式：领导责任违背，指领导擅自缩减自身的工作职责或者将工作失职之过推给下属；工作任务违背，指领导违反组织正式规定，不考虑员工个人感受，强行给其增加工作任务；社会规范违背，指领导违反社会规范、礼仪或者承诺等非正式规则中的内容。

（3）地位及权益贬损类：领导以直接或间接的方式使得员工的身份或地位受损，易降低员工的公平感知。包含三种形式：组织自尊贬损，指领导挫伤下属尊严，让下属感到难堪；专业能力贬损，指领导错误地怀疑或指责下属的专业能力；霸权领导，指领导常常吹毛求疵、严苛以待、无理取闹，导致下属难以忍受。

上述三种类型的冒犯事件中，"地位及权益贬损类"发生的频次最高，其包含的"专业能力贬损"与"组织自尊贬损"两种形式领导冒犯发生频次也远高于其他七种。

表 5   领导冒犯的多元表现形式

一级编码（频数）	二级编码（频数）	三级编码（频数）
目标妨碍 （34）	能力目标妨碍（17）	妨碍员工能力提升（11）、疏于对员工的帮助与引导（6）
	晋升目标妨碍（9）	不公正地提拔不够格的候选人（9）
	任务目标妨碍（9）	不听取下属意见（9）
规则违背 （64）	工作任务违背（25）	拒绝员工合理诉求（10）、违规侵犯下属权益（9）、强加工作任务（7）
	领导责任违背（24）	逃避或推卸领导责任（24）
	社会规范违背（21）	窃取思想或侵占荣誉（8）、说谎或隐瞒关键信息（6）、违背承诺（6）、泄露下属隐私或传播谣言（2）
地位及权益贬损 （133）	专业能力贬损（68）	不公正地评价表现或质疑专业能力（36）、错误地指责或批评（32）
	组织自尊贬损（58）	公开批评、挖苦或训斥（35）、区别对待或歧视性评价（22）、故意刁难（5）
	霸权领导（40）	无礼对待（25）、干涉下属权限内工作（5）、领导直言批评（5）、领导发泄（3）、领导态度冷漠（3）

4.2 被冒犯方下属的情绪触发

通过对冒犯故事的编码分析，发现在中国职场中下属遭受领导冒犯后往往会产生愤怒、焦虑、敌对等复杂多样的消极情绪，而且即使是受到同样的领导冒犯，被冒犯方下属所体验到的消极情绪也存在差异。由于被试对于情绪的描述词语较为丰富，本研究首先根据 Mackinnon 等（1999）和邱林等（2008）所提出的两个 PANAS 情绪量表对最初得到的 21 个关于下属对冒犯事件的情绪描述词语进行归纳，共得到 9 个情绪类型的节点。然后结合 Elliot（2008）依据趋避指向性的不同对疏远、拒绝和攻击情绪三种负面情绪的划分，将 9 个核心节点也按照趋近和回避的指向性归类到两大类型，即攻击性情绪和远离性情绪，具体如表 6 所示。其中，攻击性情绪是与趋近性质相一致的，包括敌对的、气愤的、不忿的和羞耻的，成为驱使个体趋向他人的促进性动机力量；而远离性情绪是与回避性质相一致的，包括委屈的、难过的、失望的、烦恼的和受挫的，成为导致个体远离他人的防御性动机力量。从编码频数上来看，两类情绪发生的频率相当。

表6　　　　　　　　　　　　　　被冒犯方下属的消极情绪分类

一级编码（频数）	二级编码（频数）	三级编码（频数）
攻击性情绪（67）	敌对的（24）	不满（14）、厌恶（5）、埋怨（5）
	气愤的（24）	愤怒（10）、生气（9）、恼火（5）
	不忿的（15）	感到不公平（11）、心理不平衡（4）
	羞耻的（7）	没面子（4）、自尊心受损（3）
远离性情绪（57）	委屈的（25）	感到十分委屈（21）、有些无奈（4）
	难过的（12）	心里不舒服（8）、感到难受（4）
	失望的（9）	被忽视（4）、不被信任（3）、被欺骗（2）
	烦恼的（8）	心情郁闷（6）、不耐烦的（2）
	受挫的（7）	受到打击（5）、感到崩溃（2）

4.3　被冒犯方下属的行为反应

在遭受领导冒犯之后，员工通常表现出一系列的负面行为。在行动倾向维度上，这些行为有趋有避；在时效维度上，这些行为又有近有远。如表7所示，经内容分析，共提炼出中国情境下14种领导冒犯触发的负面行为构念，将之归入由两大维度交叉而成的近端—趋近、近端—回避、远端—趋近、远端—回避四个象限之中。

表7　　　　　　　　　领导冒犯情境下被冒犯方的近远端趋避行为

一级编码（频数）	二级编码（频数）	三级编码（频数）
近端趋近型行为（31）	当场反驳（16）	当即驳斥（9）、极力分辩（7）
	越级汇报（10）	向上司的直属领导反映（6）、向其他高管反映（4）
	回绝要求（6）	不接受领导的工作安排（6）
	逼迫领导（2）	强烈要求领导解决问题（1）、追问领导缘由（1）
近端回避型行为（28）	隐忍（16）	不表态（10）、不予争论（6）
	被迫接受安排（12）	迫不得已服从领导要求（6）、努力完成超额任务（4）、接受工作职责外的任务（2）
远端趋近型行为（9）	消极对抗（7）	敷衍完成任务（4）、做出隐性抗拒（3）
	伺机报复（2）	找机会反击领导（2）

续表

一级编码（频数）	二级编码（频数）	三级编码（频数）
远端回避型行为 （34）	主动性行为减少（17）	工作热情消失（9）、一切接受领导安排后再执行（8）
	刻意躲避（6）	拒绝与领导继续交流（3）、避免与领导接触（3）
	辞职/申请调岗（6）	产生离职想法（4）、申请调换工作岗位（2）
	搁置（5）	双方未提及而不了了之（5）
	表面和解（2）	表面顺从但心存不满（1）、暗地斗争（1）

（1）近端趋近型行为：表征领导冒犯事件发生当下，员工选择直面领导并进行反击回应以表达自身不满的抵制性行为表现，包括当场进行驳斥或争辩的反驳行为、向再上一级或其他领导反映情况的越级汇报行为、对领导工作要求加以回绝的行为、追问领导缘由或迫使其解决问题的逼迫行为。

（2）近端回避型行为：表征领导冒犯事件发生当下，下属选择不与领导发生冲突以避免矛盾升级的忍让性行为表现，包括不予争论或表态的隐忍行为和不情愿地服从领导要求、努力完成超额任务、承担职责外工作的被迫接受安排行为。

（3）远端趋近型行为：表征领导冒犯事件发生后的较长时间内，下属仍选择和领导保持对立的反抗性行为表现，包括敷衍或不配合完成领导安排工作的消极对抗行为和找机会反击冒犯方领导的伺机报复行为。

（4）远端回避型行为：表征领导冒犯事件发生后的较长时间内，下属降低工作投入或转移目标以降低领导对自身干预的退缩性行为，包括不再主动承担分外工作的行为、避免与领导接触的刻意躲避行为、事后不了了之的搁置行为、面和心不和的表面和解行为、脱离领导掌控的调岗乃至辞职行为。

上述四种类型的行为，远端回避型行为发生频次最高（34 次），近端趋近型行为发生频次次之（31 次），而远端趋近行为的出现频次（9 次）与其他三类相差甚远。

4.4 被冒犯方下属负面行为的驱动路径

根据"事件—情绪—行为"关系链，编码过程中主要通过"领导冒犯事件→触发被冒犯方消极情绪→引发被冒犯方趋避型行为反应"这一路径对相关构念进行关系编码，以揭示中国情境下员工应对领导冒犯的行为反应机制。在所有节点和关系产生后，对关系数量进行统计并绘制关系图，如图 2 所示。

（1）不同形式领导冒犯事件触发的情绪类型及其比重不同。从图 2 中"领导冒犯事件→消极情绪"关系链可以看出，大多数领导冒犯事件会触发攻击性和远离性两种情绪，但晋升目标妨碍和任务目标妨碍仅会触发攻击性情绪。从触发两种情绪的领导冒犯事件形式来看，专业能力贬损（引发远离性情绪频次为 37 次，引发攻击性情绪频次为 20 次）和霸权领导（引发远离性情绪频次为 18 次，引发攻击性情绪频次为 10 次）这两种形式的领导冒犯更容易触发被冒犯方下属的远离性情绪，其余几种形式的领导冒犯事件都更容易触发下属的攻击性情绪。

（2）不同类型情绪引发的近远端趋避型行为存在明显差异。从图2中"消极情绪→行为反应"关系链可以看出，遭受领导冒犯后的下属不论产生攻击性情绪还是远离性情绪，都将引发其近端趋近型、近端回避型、远端趋近型与远端回避型四种行为反应，但是其引发概率有明显差异，即攻击性的情绪更容易催发当场反驳、越级汇报等近端趋近型行为（关系频数为17次）；远离性的情绪更容易导致下属产生减少主动性行为、疏远领导、辞职等远端回避型行为（关系频数为18次）。

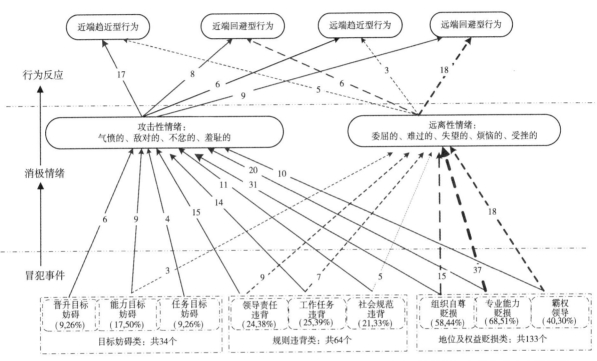

注：实线表示与攻击性情绪连接的关系；虚线表示与远离性情绪连接的关系；线的粗细和数字反映占优程度。

图2　"领导冒犯事件—消极情绪—负面行为"关系层级图

（3）"冒犯事件—消极情绪—负面行为"驱动路径的强度不同。观察图2中"事件—情绪—行为"三者之间的关系路径，根据发生频数可以发现其中两条驱动路径强度较高：

①"专业能力贬损→远离性情绪→远端回避型行为"是发生频率最高、关系联结最强的驱动路径。说明下属在受到领导对其专业能力方面的贬损或错误指责时，更易产生委屈、难过等远离性消极情绪，该情绪是促使下属做出疏远领导等回避型行为的防御性动机力量，进而更易导致下属在较长一段时间内实施远离伤害源的"回避行动"，例如减少主动性行为、刻意躲避，甚至可能由于"积怨难解"想离开现任公司。

②"组织自尊贬损→攻击性情绪→近端趋近型行为"是发生频率与关系联结强度次之的驱动路径。说明下属在受到领导对其组织自尊方面的公开批评、歧视性评价或故意刁难时，更易产生愤怒、敌对等攻击性情绪，该情绪则是导致下属做出正面反抗领导等趋近型行为的促进性动机力量，进一步更易导致下属在短时间内做出挽回自尊的"趋近行动"，例如当场反驳、越级汇报、回绝领导，甚至直接逼迫领导解决问题。

4.5 不同类型领导冒犯事件中下属的行为差异对比

进一步统计领导冒犯事件 9 个具体表现形式中出现的 4 种行为反应总和，计算每种行为在所属领导冒犯中占所有行为反应总数之和的比重，最后用每 3 个小类的平均值计算三大范畴所对应的每种行为反应的比值，据此绘制三类领导冒犯事件引发的被冒犯方下属的行为反应雷达图，如图 3 所示。

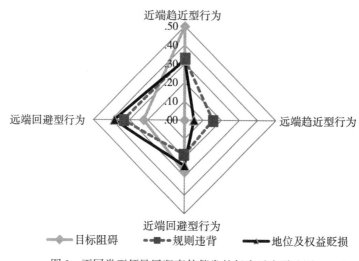

图 3　不同类型领导冒犯事件催发的行为反应雷达图

（1）从目标妨碍类领导冒犯事件最终引发的行为反应雷达图来看，目标妨碍类领导冒犯事件产生近端趋近型行为与近端回避型行为比重最高，并且不会引发远端趋近型行为。这说明当下属意识到领导的行为或做法对自我目标实现存在阻碍时，更倾向于选择在短期内表明自己的态度和立场，并尽快做出对领导冒犯事件的回应，更多的是即时性行为。

（2）从规则违背类领导冒犯事件最终引发的行为反应雷达图来看，产生四种行为的比例较为平均，其中远端回避型行为的比重最高，相较于其他两类领导冒犯事件，该类事件引发远端趋近型行为的比例最高。这说明当领导出现破坏工作场所具体规则，诸如"强人所难"或者"出尔反尔""背地给下属穿小鞋"的冒犯举动时，下属会远离领导，并有可能在远期内通过自己的行动"变相"地给予冒犯方领导回击，以平复内心的愤懑。

（3）从地位及权益贬损类领导冒犯事件最终引发的行为反应雷达图来看，该类领导冒犯事件产生的远端回避型行为比重最高，较少引发远端趋近型行为。这说明当下属在感知到自身的权益受损或者地位贬低时，往往更愿意选择"能忍为安"的处理方式，更多的是防御性行为。一方面是考虑到领导往往掌握着自身所需的关键资源，包容领导可能才是明智之举；另一方面，领导本身就具有地位和权力的优越性，是被社会规范所认可的，且直接报复领导的成本和代价也极高。

5. 结论与讨论

5.1 研究结论

结合以往研究，采用内容分析法对 180 个领导冒犯事件故事进行构念编码和关系编码，结果显示：

（1）中国情境下员工对领导冒犯的界定可划分扩展为九种形式，从属于原有三大类型。晋升目标妨碍、能力目标妨碍、任务目标妨碍三种形式属于目标妨碍类；领导责任违背、工作任务违背、社会规范违背三种形式属于规则违背类；组织自尊贬损、专业能力贬损、霸权领导三种形式属于地位及权益贬损类。

（2）不同形式的领导冒犯事件经由不同趋避指向性的情绪驱动被冒犯方产生近远端趋避型行为。其中，"专业能力贬损→远离性情绪→远端回避型行为"是驱动强度最高的路径，"组织自尊贬损→攻击性情绪→近端趋近型行为"次之。

（3）不同类型领导冒犯事件中下属的行为反应存在差异。目标妨碍类领导冒犯事件中产生的近端趋近型和近端回避型行为所占比重最高；规则违背类领导冒犯事件中产生的远端回避型行为比例最高，并且相比其他两类，其产生的远端趋近型行为的比重最高；地位及权益贬损类领导冒犯事件产生的远端回避型行为比重最高，较少引发远端趋近型行为。

5.2 理论意义

领导作为占据较高组织地位且掌控关键资源的一方，其冒犯行为对下属造成的冲击与伤害感更为强烈，由此领导冒犯的相关研究具有重要意义。本研究从趋避理论出发，基于被冒犯方感知的视角重点探讨当前中国情境下员工对领导冒犯的多元形式感知及其趋避机制，具体解析了领导冒犯下被冒犯方行为反应的驱动路径，并对不同类型领导冒犯事件所引发的下属行为反应差异进行了区分。本文的理论意义主要体现在以下三个方面：

（1）识别中国情境下员工对领导冒犯感知的多元形式，丰富了领导冒犯的内涵。目前有关中国情境下领导冒犯的针对性和系统性研究较为缺乏，且学者们将研究重点多聚焦于辱虐管理等较为直接和明显的负面领导行为，对非显见、非暴力型领导冒犯影响并未给予足够的重视（占小军，2017）。本研究立足于当前中国的现实职场情境，挖掘了领导冒犯的多元形式。尽管中国职场中员工对于领导冒犯形式的界定仍可归入西方学者所提出的冒犯事件三大类型，但也涌现出了新的表现形式，例如他们将领导在能力目标和任务目标上的妨碍、工作任务上的拒绝合理诉求、强加要求以及霸权领导的多种举动也解读为领导冒犯。这些领导冒犯形式以间接、温和的方式对下属造成伤害，是非暴力型领导冒犯的典型表现形式，且不容易被人注意和发现，成为上级控制下级的

69

隐蔽武器。

（2）完善领导冒犯的作用路径研究，深入挖掘了领导冒犯的趋避机制。虽然已有学者将趋避理论应用到冒犯领域研究中，但大多聚焦于西方组织情境，未能全面揭示中国情境下领导冒犯对下属行为效应的驱动路径；其间消极情绪这一关键节点的趋避指向性在领导冒犯趋避机制中的作用差异也有待进一步探讨（Nifadkar et al.，2012；Ferris et al.，2016）。在趋避理论指导下，本研究突破了实证研究中仅能检验某种具体情况下领导冒犯行为结果的局限，使用质性研究方法对不同形式领导冒犯的趋避行为效应进行了系统性分析；并进一步拓展了趋近和回避指向性的消极情绪在不同形式领导冒犯事件中对下属近远端趋避型行为驱动的影响差异，特别是阐明了中国情境下领导冒犯所触发的员工远离性情绪对其远端回避型行为产生的传导作用，丰富了对中国职场中员工隐性反生产性行为的研究。

（3）深化领导冒犯应对行为研究，比较了不同类型领导冒犯事件所引发的下属行为反应差异。以往研究多从领导冒犯事件对被冒犯方下属行为反应的影响效应这一角度展开（宋萌等，2015；谢俊和储小平，2018），或者是简单地将领导冒犯所能引发的行为结果加以检验（Hershcovis & Barling，2010；Hershcovis et al.，2018），导致领导冒犯行为效应的相关研究较为零散。本研究站在整体性的视角，从时效性和趋避倾向性两个维度系统地对中国职场中不同类型领导冒犯事件所催生的下属行为反应进行对比，阐明了三种类型领导冒犯事件所触发的被冒犯方下属行为反应的区别，即目标妨碍类领导冒犯事件容易引发近端趋近型和近端回避型行为，规则违背类领导冒犯事件容易触发远端回避型行为和远端趋近型行为，地位及权益贬损类领导冒犯事件则容易触发远端回避型行为。

5.3 现实意义

（1）企业管理者应适时审视自我行为。在中国传统文化的影响下，领导者在权力和地位上的优越感形成了滋生冒犯的"温床"。而随着时代的快速发展，员工压力日益增大，心理状态更为复杂，领导不经意间的举动或言语，都可能使他们感受到冒犯和伤害。因而领导作为职场中上下级关系的主导方，应跟上时代发展的潮流，注意体察下属的实际需求，增强同理能力，多站在员工角度思考问题，对自身行为进行及时审视与反思，尽可能地降低工作场所中冒犯事件发生的几率。

（2）企业管理者需注意并帮助员工排解负面情绪。从中国职场的经验观察中发现员工在受到领导不当对待后较少主动表明自己的立场或争取自身的权益，而且在职场关系主义的影响下，员工在受到冒犯后往往会掩盖自己的负面情绪，造成其心理上的折磨。尤其是在疫情背景下的特殊时期，外部压力源增多，员工的负面情绪转化与消化难度增大，导致其可能产生近远端的不当行为。管理者需要平和心态，关注员工的情绪与心理变化，一旦与员工产生不必要的矛盾，就应及时做好弥补措施，对员工的消极心理进行疏导，主动恢复和下属的关系，以良好的职场氛围保障组织的有序运行。

（3）企业管理者和员工需共同努力防止负面行为的发生。从领导冒犯事件所引发的下属负面行为反应来看，不论是近远端趋近型行为，还是近远端回避型行为，既不能让冒犯者认清自身的问题，也不能让被冒犯方消除痛苦。因而，员工一方面可以通过自身努力来调整情绪与行为，另一方面也有必要及时与领导展开深度沟通，共同"追根溯源"，消除双方认知盲区，及时阻止领导冒犯可能带来的恶性循环，促进双方关系从"恶"到"良"的积极转化。

5.4　研究局限与未来展望

（1）本研究重点关注了领导冒犯事件发生后下属的负面行为反应。在编码中发现有员工在遭受冒犯后也会产生诸如战胜消极想法和感受、提升自身价值、思考冒犯背后原因等积极的认知取向。然而冒犯故事中关于其因何产生积极转变的阐述较少，所以未能深入研究员工积极认知取向产生的方法与机制。未来研究可以进一步关注促使员工做出积极转变的影响因素，深入剖析由冒犯事件这一负面刺激到积极行为反应之间的转化机制和驱动路径，对于减少领导冒犯事件的发生以及抵御领导冒犯的螺旋升级具有重要作用。

（2）本研究未能将领导冒犯发生的背景纳入分析。部分员工在领导冒犯故事中提及了领导冒犯发生时的背景与情形，例如机构改革、人事调整、直接领导变动、工作岗位变动、上级检查、任务繁重、晋升或考核评优、女性员工孕期困难或者员工身体不适等情况。未来可以基于企业实践对领导冒犯发生的情境进行针对性探究，进一步探究特殊背景与冒犯事件发生的相关性，这将有助于对处在特殊情境的企业或者员工起到预警、帮助和指导的作用。

◎ 参考文献

[1] 陈志霞，涂红．领导排斥的概念及其影响因素毒性三角模型 [J]．管理评论，2017，29（8）．

[2] 段锦云，傅强，田晓明，孔瑜．情感事件理论的内容、应用及研究展望 [J]．心理科学进展，2011，19（4）．

[3] 付美云，马华维，乐国安．职场欺负行为研究中的文化差异性——基于国家文化视角的分析 [J]．西南大学学报（社会科学版），2014，40（2）．

[4] 贾旭东，谭新辉．经典扎根理论及其精神对中国管理研究的现实价值 [J]．管理学报，2010，7（5）．

[5] 邱林，郑雪，王雁飞．积极情感消极情感量表（Panas）的修订 [J]．应用心理学，2008，14（3）．

[6] 申传刚，杨璟．上司辱虐管理与员工反馈规避行为：有中介的调节模型 [J]．管理评论，2020，32（2）．

[7] 宋萌，王震，孙健敏．辱虐管理对下属反馈规避行为的影响：积极归因与工作意义的作用 [J]．预测，2015，34（5）．

［8］孙旭，严鸣，储小平．基于情绪中介机制的辱虐管理与偏差行为［J］．管理科学，2014，27（5）．

［9］王洪青，彭纪生．辱虐管理与员工沉默：基于社会认同和代际视角的研究［J］．商业经济与管理，2016，294（4）．

［10］谢俊，储小平．职场排斥对防御性与破坏性建言的影响机制［J］．中山大学学报（社会科学版），2018，58（3）．

［11］袁凌，刘平，褚昊．领导愤怒表达如何影响员工创新过程投入——一个被调节的链式中介模型［J］．科技进步与对策，2021，38（4）．

［12］詹思群，严瑜．工作场所不文明行为与职场排斥间的螺旋效应［J］．心理科学进展，2021，29（3）．

［13］占小军．情绪还是认知？主管不文明行为对员工工作及生活的作用机制研究［J］．管理评论，2017，29（1）．

［14］Aquino, K., Thau, S. Workplace victimization: Aggression from the target's perspective［J］. Annual Review of Psychology, 2009, 60（1）.

［15］Aquino, K., Tripp, T. M., Bies, R. J. Getting even or moving on? Power, procedural justice, and types of offense as predictors of revenge, forgiveness, reconciliation, and avoidance in organizations［J］. Journal of Applied Psychology, 2006, 91（3）.

［16］Ashforth, B. E. Petty tyranny in organizations: A preliminary examination of antecedents and consequences［J］. Revue Canadienne Des Sciences De Ladministration, 1997, 14（2）.

［17］Barclay, L. J., Kiefer, T. Approach or avoid? Exploring overall justice and the differential effects of positive and negative emotions［J］. Journal of Management, 2014, 40（7）.

［18］Carver, C. S., Harmon-Jones, E. Anger is an approach-related affect: Evidence and implications［J］. Psychological Bulletin, 2009, 135（2）.

［19］Duffy, M. K., Ganster, D. C., Pagon, M. Social undermining in the workplace［J］. Academy of Management Journal, 2002, 45（2）.

［20］Einarsen, S. Harassment and bullying at work: A review of the Scandinavian approach［J］. Aggression & Violent Behavior, 2000, 5（4）.

［21］Elliot, A. J. Handbook of approach and avoidance motivation［M］. New York: Psychology Press, 2008.

［22］Elliot, A. J. The hierarchical model of approach-avoidance motivation［J］. Motivation & Emotion, 2006, 30（2）.

［23］Ferris, D. L., Yan, M., Lim, V., et al. An approach-avoidance framework of workplace aggression［J］. Academy of Management Journal, 2016, 59（5）.

［24］Fox, S., Spector, P. E. Counterproductive work behavior: Investigations of actors and targets［M］.

Washington, DC: American Psychological Association, 2005.

[25] Griffin, R. W., Lopez, Y. P. "Bad behavior" in organizations: A review and typology for future research [J]. Journal of Management, 2005, 31 (6).

[26] Hayes, A. F., Krippendorff, K. Answering the call for a standard reliability measure for coding data [J]. Communication Methods & Measures, 2007, 1 (1).

[27] Hershcovis, M. S. "Incivility, social undermining, bullying…oh my!": A call to reconcile constructs within workplace aggression research [J]. Journal of Organizational Behavior, 2011, 32 (3).

[28] Hershcovis, M. S., Barling, J. Towards a multi-foci approach to workplace aggression: A meta-analytic review of outcomes from different perpetrators [J]. Journal of Organizational Behavior, 2010, 31 (1).

[29] Hershcovis, M. S., Gervais, L., Cameron, A. F., et al. The effects of confrontation and avoidance coping in response to workplace incivility [J]. Journal of Occupational Health Psychology, 2018, 23 (2).

[30] Kim, T. Y., Leung, K. Forming and reacting to overall fairness: A cross-cultural comparison [J]. Organizational Behavior & Human Decision Processes, 2007, 104 (1).

[31] Kramer, R. M., Tyler, T. Trust in organizations [M]. Thousand Oaks, CA: Sage, 1996.

[32] Mackinnon, A., Jorm, A., Christensen, H., et al. A short form of the positive and negative affect schedule: Evaluation of factorial validity and invariance across demographic variables in a community sample [J]. Personality and Individual Differences, 1999, 27 (3).

[33] Mayer, D. M., Thau, S., Workman, K. M, et al. Leader mistreatment, employee hostility, and deviant behaviors: Integrating self-uncertainty and thwarted needs perspectives on deviance [J]. Organizational Behavior & Human Decision Processes, 2012, 117 (1).

[34] Mitchell, M. S., Ambrose, M. L. Employees' behavioral reactions to supervisor aggression: An examination of individual and situational factors [J]. Journal of Applied Psychology, 2012, 97 (6).

[35] Nifadkar, S., Tsui, A. S., Ashforth, B. E. The way you make me feel and behave: Supervisor-triggered newcomer affect and approach-avoidance behavior [J]. Academy of Management Journal, 2012, 55 (5).

[36] Sharma, P. N. Moving beyond the employee: The role of the organizational context in leader workplace aggression [J]. Leadership Quarterly, 2018, 29 (1).

[37] Tepper, B. J., Carr, J. C., Breaux, D. M, et al. Abusive supervision, intentions to quit, and employees' workplace deviance: A power/dependence analysis [J]. Organizational Behavior & Human Decision Processes, 2009, 109 (2).

[38] Tripp, T. M., Bies, R. J., Aquino, K. A vigilante model of justice: Revenge, reconciliation, forgiveness, and avoidance [J]. Social Justice Research, 2007, 20 (1).

［39］ Wee, X. M. , Liao, H. , Liu, D. , et al. Moving from abuse to reconciliation: A power-dependency perspective on when and how a follower can break the spiral of abuse ［J］. The Academy of Management Journal, 2017, 60 (6).

How Employees Respond to Diverse Supervisor Offenses in Chinese Context: An Approach-Avoidance Framework

Li Yuan[1] Hou Shuang[2] Wang Xuelian[3] Liu Bing[4]

(1, 2, 3, 4 School of Economics and Management, Hebei University of Technology, Tianjin, 300401)

Abstract: In today's Chinese workplace, employees are more sensitive to supervisor offenses, meanwhile their reactions tend to be more implicit. Based on the content analysis of a total of 180 supervisor offenses incidents recalled by the subordinates, we first identified diverse forms of supervisor offenses, then explored their short-term and long-term impact on the subordinates' approach-avoidance behaviors. Our results revealed that there were nine forms of supervisor offenses in Chinese workplace, as derived from three typical categories: goal obstruction, rule violation, status and power derogation. They aroused employees' different responses through generating specific negative emotions. We found two key driving paths in terms of high trigger frequency and strong connection. Professional competence derogation led to long-term avoidance behaviors by triggering distancing emotions, while organizational self-esteem derogation led to short-term approach behaviors by triggering attack emotions. The employees' responses to three categories of supervisor offenses were also different.

Key words: Perceived supervisor offenses; Approach-avoidance response mechanism; Negative emotions

专业主编：杜旌

珞珈管理评论

2022 年卷第 1 辑（总第 40 辑）

Luojia Management Review

No. 1, 2022（Sum. 40）

优惠券促销效果研究：基于元分析的综合检验[*]

● 寿志钢[1]　廖紫凌[2]　张　怡[3]

（1，2，3　武汉大学组织营销研究中心　武汉　430072）

【摘　要】优惠券是一种广泛使用的促销工具，针对其效果的研究数量众多，但结论并不一致。文章通过元分析总结了影响兑现效果的优惠券特征和消费者特征，并从感知价值理论、计划行为理论和技术接受模型探究了优惠券兑现的内隐机制。基于 107 个独立研究的 360558 个样本的元分析结果显示，当产品是快速消费品时，优惠券的兑现率下降；电子优惠券比传统优惠券的兑现率更高；东方国家的消费者更多使用优惠券，兑换意愿更多受到个人态度的影响；时间序列数据在个人态度与优惠券兑现关系中显示出更小的效应值；真实研究情境下，优惠券的兑现率及距离对兑现的负面影响都会下降。文章从多角度量化对比了优惠券促销效果研究，结论为企业优惠券设计、目标人群选择提供了借鉴。

【关键词】优惠券　兑现率　兑现意愿　元分析

中图分类号：F713.3　　　文献标识码：A

1. 引言

2020 年，受新冠肺炎疫情影响，全球经济出现严重衰退，为了刺激消费，上半年我国约有 16 个省（直辖市）发放了总数超过 42.73 亿元的优惠券（李雪娇，2020），优惠券在拉动内需上的作用不言而喻。但令人困扰的是优惠券的兑现率一直不高，Kantar 研究集团报告显示，2019 年美国共发了 2140 亿张优惠券，兑现率却只有 4%。[②] 因此，明确优惠券影响消费者购买决策的机制，提高优惠券兑现率是企业和学者共同关注的问题。

为了探究优惠券影响消费者购买和赎回的内在机制，本文对过去 50 年的优惠券文献进行了回顾

* 基金项目：国家自然科学基金项目"产业市场的组群营销研究：商业网络的价值识别和嵌入策略"（项目批准号：71872133）；教育部人文社科基金规划项目"商业网络中的群体影响机制研究：交易成本视角"（项目批准号：18YJA630093）。

通讯作者：寿志钢，E-mail：mkshou@whu.edu.cn。

② Integrated Print and Digital Promotion [M]. Kantar. 2019 trends and insights. London：Kantar, 2019.

梳理，并按照优惠券是什么、谁更愿意使用优惠券、为什么使用优惠券的逻辑，总结出以下三个研究方向：

（1）优惠券特征研究，即优惠券各要素对消费者决策影响的实证研究，主要考察要素有：面值（Bawa et al.，1987；Reibstein et al.，1982）、折扣形式（Banerjee，2010；Raghubir et al.，2004）、截止日（Inman et al.，1994；Chiou-Wei et al.，2008）、发放方式（Alvin，1996）、距离（Spiekermann，2011）等。

（2）消费者特征研究，即识别对优惠券更敏感的消费者的研究，此类研究区分了价格意识消费者、价值意识消费者和优惠券倾向消费者，并进行了量表开发和特征研究。

（3）优惠券兑现行为内隐机制研究，即通过心理学理论与模型解释消费者为什么对优惠券产生反应，涉及感知价值理论（Ronald，1978）、理性行为理论（Shimp and Kavas，1984）、计划行为理论（Fortin，2000）以及技术接受模型（Jayasingh，2009）等。

由上不难看出，优惠券研究的前因变量较为分散，缺乏整体框架下的整合分析，而优惠券形式经历了从纸质到电子的变换，传播媒介从报纸杂志到短信、互联网的不断发展，现有的研究方法包括问卷调查、实验室实验、现场实验和二手数据等多种方式，研究时间和范围跨度较大。基于此，本文对优惠券营销领域近 50 年来的文献进行梳理，并通过元分析（meta-analysis）方法，定量检验优惠券兑现意愿及行为的各种前因变量的影响，并探索产品类型、研究情境等因素的调节作用。本文的结论有助于企业在实践中利用优惠券提升营销绩效，以及为该领域的未来研究提供参考。

2. 文献回顾

2.1　什么是优惠券？——优惠券特征研究

优惠券本质上是一种价格折让凭证，常见的优惠券分为纸质优惠券和电子优惠券，按照促销形式又可以分为金额优惠券、折扣优惠券、赠品券等。影响优惠券效果的特征众多，其中最重要的是优惠券面值，其他特征包含截止日、适用品类、使用门槛和发放渠道等，针对电子优惠券，发放的时间和地点也是重要的研究对象。现有文献通常使用实验法和二手数据分析对优惠券促销的营销绩效展开讨论，表 1 展示了代表性研究中影响优惠券使用的主要因素。

表 1　　　　　　　　　　　　　　　　　优惠券特征的效果研究

文献	研究方法	优惠券特征	因变量	结　　论
Nielsen（1965）	现场实验	面值、发放渠道	兑现率	兑现率随着优惠券的面值和折扣比例的增加而提高；直接邮寄是清洁剂优惠券的最有效渠道

续表

文献	研究方法	优惠券特征	因变量	结　　论
Alvin 等（1966）	模型	发放渠道	兑现率	直邮优惠券的兑现率显著优于报纸和杂志，因为直邮的渠道特征与消费者的利益焦点更契合
Reibstein 等（1982）	现场实验	面值、发放渠道	兑现率	包装内附赠的优惠券兑现率是最高的，其次是直邮和杂志分发；面值对兑现率有正向影响
Shoemaker（1985）	现场实验	面值	兑现率	较高的面值对品牌的常规购买者几乎没有影响
Krishna（1992）Zhang（1999）	现场实验	截止日	兑现率、销售量	优惠券赎回随着优惠券临近到期而增加；短期优惠券持续时间与公司的销售额增加有关
Spiekermann（2011）	现场实验	距离	兑现率	距离越接近，优惠券兑现率越高；相比郊区，这种效应在市中心更明显
Banerjee 和 Yancey（2010）	模型	面值、发送时间	兑现率	优惠券面值越高，兑现率越高；对于实用产品，买一赠一券的兑现率最高；发送时间对享乐型产品的兑换有显著影响
Ralf 和 Stephan（2014）	现场实验	面值、使用门槛	兑现率、品牌忠诚	个性化设计和面值对兑现率和品牌忠诚有积极影响；使用门槛对忠诚度有负面影响，并中和个性化的积极影响
Reichhart（2013）	模型	发放渠道	兑现率	通过短信发送的优惠券的响应率低于电子邮件，但转换率超过电子邮件
Luo 等（2013）Fang 等（2015）	现场实验	距离、时间	兑现率	近距离和当日优惠券更有可能导致购买，距离和时间存在交互作用，距离和折扣率同样相互作用
Danaher 和 Michael（2015）	现场实验	距离、面值、截止日、门槛、类型	兑现率	距离和面值共同影响消费者兑换优惠券；更高的最低价格门槛、捆绑的折扣方式、更短的到期时间以及位于列表顶部的优惠券会增加赎回的可能性
Mills 和 Zamudio（2018）	模型、现场实验	面值、数量、价格范围	兑现率	在同时获得多个竞争品牌的优惠券时，高面值和低价值波动范围会带来更高的兑现率，同时获得的优惠券数量与优惠券兑现率关系呈现 U 形

通过回顾影响消费者优惠券兑现的不同因素可以看出，优惠券的面值、使用门槛、截止日期、发放的时间和距离等特征都会对优惠券的兑现产生显著影响，但不同要素的影响强度尚不明晰，同时，从纸质到移动化的巨大改变对优惠券效果的影响也尚未在已有研究中显现，本文将通过元分析对这两个问题进行初步探索。

2.2　谁更愿意使用优惠券？——消费者特征

尽管企业可以自行设计和发放优惠券，但如何找到最有可能使用优惠券的消费者也是一个令人困惑的问题。尤其是，尼尔森公司的调查指出"二八法则"在优惠券使用中依然有效：2009 年，美国 83% 的制造商优惠券仅由 22% 的家庭使用。① 因此，寻找优惠券敏感型消费者的共性特征也是优惠券研究的重要方向。对于可观察的消费者特征，学者进行了三个方向的探索：

（1）有购买历史的消费者应当与其他消费者区别开，因为企业对这部分消费者的偏好了解程度更高，开发成本更低，Bagozzi（1992）等发现，过去的行为是优惠券行为模型中的显著预测变量。

（2）以收入为代表的社会经济特征因素也是可观察的重要消费者特征，但关于收入的研究分歧很大：部分研究发现无论是传统优惠券还是电子优惠券，收入都不是很好的预测变量（Bawa et al.，1987；Mittal，1994；Chiou-Wei et al.，2008）；还有一些学者认为收入水平与优惠券使用量正相关（Dong and Kaiser，2005；Somjit et al.，2013）；另外，也有研究表明收入与优惠券兑换负相关（Kitchen，2014）或非线性相关（Narasimhan，1984）。显然，受到国家和地区经济水平等因素的影响，收入并不适合作为识别消费者的共性特征。

（3）基于人口统计特征（性别、年龄、婚育、教育水平、种族等）的研究发现，不同种族的消费者对优惠券的使用有明显差异（Hernandez，1988；Green，1995；Dong and Kaiser，2005），年长者、已婚者或是有较大家庭的人通常是优惠券使用者（Tat and David，1994），女户主的年龄与优惠券使用存在正相关关系（Dong and Kaiser，2005）。然而，由于研究数量较少及样本的地区集中性，基于人口统计因素的研究结论并未成为被广泛认可的优惠券兑现预测变量。

基于社会经济因素和人口统计因素的分类方法无法排除地域、历史等因素的影响去衡量个体特质，从而导致群体内部存在较大的行为差异。因此，部分学者从消费者心理视角，寻找优惠券使用者的共同特征。

最初，学者们沿用促销研究中常用的价格意识、价值意识和促销倾向（deal proneness）来识别消费者。价格意识是指消费者只关注低价支付的程度（George and Lichtenstein，1993），注重价格的消费者倾向于通过商店品牌推断产品质量（Ailawadi et al.，2001），通过低价购物获得娱乐和情感满足（Alford and Biswas，2002），并参与更高层次和更专注的搜索（Babin et al.，2007）。价值意识是指消费者关注相对于质量的支付价格（George and Lichtenstein，1993），即性价比。不出所料的是，价格意识和价值意识均与节俭（Shoham et al.，2004）、优惠券使用（Tat and David，1994）正相关。

促销倾向是指消费者对促销本身的偏爱从而产生积极响应的倾向。Webster（1965）发现品牌转换者、低购买量的人和年长者更易于参与促销；Blattber 等（1978）则提出女性、无业者等有更高的促销倾向。随后，不少学者提出，促销倾向应当根据促销形式的不同划分为不同的类型，Kapi 和 Bawa（1987）等将优惠券倾向（coupon proneness）定义为消费者因为偏好优惠券而积极响应促销活动的倾向，并发现这种倾向使得消费者在不同产品种类和不同时间的购买行为表现出一致性。Henderson（1988）同样发现有一部分消费者会将优惠券作为品牌比较的指标之一，并无意识地依靠优惠券做出购买行为。Lichtenstein 等（1990）提出优惠券倾向是一种复杂的心理建构，不能仅使用行为测量，为此他们区分了价值意识和优惠券倾向，并开发了一个多项目的优惠券倾向测量量表。

---

① The coupon comeback [EB/OL]. Nielsen. http://www.nielsen.com/us/en/insights/news/2010/the-coupon-comeback.html.

随后，越来越多的学者发现了优惠券倾向与消费者优惠券兑现意愿之间的正相关关系，并测量了其边界条件（Alford，2002；Clark，2013；Ashok，2018）。

对消费者心理特征的研究一定程度上厘清了人口与经济特征研究的迷雾，部分人口与经济特征可以预测消费者的心理特征，并最终影响优惠券的兑现。更多的研究则表明，高价格意识、高价值意识和高优惠券倾向的消费者更愿意使用优惠券，这些结论在不同国家的研究中都得到了证实。本文将综合更广泛的研究样本定量分析价格意识、价值意识和优惠券倾向与优惠券兑现意愿的关系强度。

2.3　为什么使用优惠券？——优惠券兑现行为的内隐机制

优惠券特征和消费者特征从两个角度寻找提高优惠券兑现率的方法，而更多的学者将消费者使用优惠券的行为视为一个动态过程，并探究这一行为的内在机制。根据行为情景的不同，学者所使用的理论与模型也存在较明显的差异，具体而言，本文认为可以用感知价值理论、计划行为理论和技术接受模型三个机制进行解释。

（1）基于感知价值理论（Perceived Value，PV）的解读。最初，学者对优惠券效果的解读仍然局限于优惠券本身，因此使用感知价值理论，认为优惠券使用行为是消费者感知利益和感知成本的博弈结果。Mittal（1994）用感知经济利益来解释面值对优惠券兑换的正向影响，因为感知经济利益是消费者判断产品价格和质量的重要依据，但是增加优惠券的面值并不总能改善交易评估或购买意图，品牌历史价格、其他品牌价格、竞争者价格等信息会调节面值价值的影响（Raghubir，2004）。

Bonnici 等（1996）则认为消费者兑换优惠券所需的牺牲程度越高，兑换优惠券的动机就越低，因此部分学者使用感知成本解释优惠券特征的负面影响。感知成本是时间成本、搜索成本和货币成本等的总称，Ronald（1978）发现消费者在不同媒介渠道搜寻优惠券的努力程度不同，且兑现率随着付出的搜索成本而变化。优惠券信息搜索、优惠券保存和兑换所带来的时间成本会阻止消费者的兑换行为（Michel et al.，2003；Ronald et al.，2013）。Somjit（2013）发现机会成本与优惠券赎回意图成反比，Nakhata（2017）发现社交优惠券使用者出于减少社交成本浪费的动机，在兑换优惠券时更倾向于避免特价商品。与此相呼应，便利性也会影响优惠券的兑换（刘芬等，2016），这点在移动优惠券上尤为突出，和传统纸质优惠券相比，移动优惠券可以一键领取和使用，随时查询和清理，极大减少了消费者感知成本，因此对优惠券的兑现有促进作用。

（2）基于计划行为理论（Theory of Planned Behavior，TPB）的解读。感知价值理论出现后，部分学者认为优惠券兑现行为也会受到他人的影响。Shimp 和 Kavas（1984）等人的研究指出，用户使用优惠券是因为他们的朋友、亲戚和邻居使用优惠券并期望其他人在购物时这样做，而家庭成员贬低兑现优惠券的行为也会阻止优惠券的兑换。随后，他们将理性行为理论引入优惠券的研究，并发现个人态度和主观规范可以解释48%的优惠券兑换意愿，其中主观规范是指个人对于是否采取某项特定行为所感受到的社会压力。Schindler（1989）发现消费者会为成为一个聪明而节俭的购物者而使用优惠券，Brumbaugh（2009）则发现感知歧视和他人态度会影响消费者使用优惠券的尴尬和信心，并因为感到尴尬而减少赎回的优惠券数量。

Fortin（2000）基于计划行为理论提出，在个人态度和主观规范之外，感知行为控制是传统优惠券使用的重要间接预测变量，是电子优惠券使用的重要直接预测变量。感知行为控制是个体在实施某项行为时，对行为的相对难易程度的感受。大量研究发现便利性和经济利益可以提高消费者的积极态度，而态度和感知行为控制是影响消费者使用移动优惠券的决定性因素（Hsueh et al.，2010；Naquita et al.，2014）。Trump（2016）的研究指出当企业在优惠券上给出一定限制时，消费者会感知自由受限从而产生负面态度和较低的兑现意愿。

计划行为理论认为个人态度、主观规范和感知行为控制可以预测优惠券的兑换率，但学者只是分别对这三个预测变量的作用进行了研究，并没有探究彼此影响和主次作用，在此基础上，技术接受模型对预测变量的作用程度做出了区分。

（3）基于技术接受模型（Technology Acceptance Model，TAM）的延伸。随着信息技术的发展，优惠券的媒介发生巨大变化，消费者对信息技术的接受程度成为影响其行为意图的重要因素，部分学者引入技术接受模型（TAM）解释优惠券的兑换，技术接受模型认为对于信息技术实际接受行为，态度会比主观规范有更强的影响作用，而态度由感知有用性和感知易用性决定，感知有用性、易用性将积极地影响消费者对技术的态度从而对个人使用系统意图产生重大影响（Davis，1989）。

Hsueh等人（2010）的研究已经证实了感知有用性对行为态度的积极作用，Jayasingh（2009）则在技术接受模型的基础上加入了移动优惠券感知的可信度、兼容性等变量，并提出个人创新性的不同也会影响态度。Chiang等（2013）的研究发现更高优惠券倾向的消费者感知到更高的可用性并有更积极的态度和行为意向。Beeck和Waldemar（2017）则发现基于到店距离推送的APP优惠券使消费者感知到更高的隐私风险，从而降低了他们的兑换意愿。Subhro（2017）对在线优惠券的研究同样发现具有高价值意识和优惠券倾向的消费者更可能受到感知有用性和在线购物风险的影响，而易用性不会影响他们对网上购物的态度。

在解释和预测消费者接受及采纳优惠券的行为时，现有研究经历了从感知价值理论到计划行为理论再到技术接受模型的发展，本文回顾了优惠券作用机制的不同理论视角，这些解读伴随优惠券发放与使用的情境变化而丰富。同时，本文将通过元分析给出不同理论中的自变量（感知经济利益、感知成本、个人态度、主观规范、感知行为控制、感知有用性和感知易用性）的解释力度，并着重探讨传统优惠券和电子优惠券的区别。

2.4 优惠券促销效果的情境条件——潜在调节变量

元分析中的潜在调节变量，是指能够解释或者帮助解释更多方法差异的任何变量。以往的优惠券研究针对优惠券适用范围提出过许多调节变量，例如，消费者在不同情境下对享乐品和实用品的优惠券兑现率不同（Khajehzadeh，2015），不同品牌或不同种类的产品，优惠券兑现率也不同（Osuna et al.，2016）。本文则发现，过往研究常常选择快速消费品（FMCG）作为研究对象，并在此基础上进行细分研究，但忽略了快速消费品与其他商品的区别，因此，本文将快速/非快速消费品作为可能的调节变量加以检验。此外，现有研究针对优惠券不同发放渠道（领取、邮寄、附赠、SMS、APP等）进行了诸多比较研究，但很少对比纸质与电子这两类本质上不同的方式之间的差异，本文将进一步从优惠券类型角度加以检验。同样，现有优惠券研究中样本特征的差别（如国家地域）、研究方法的差异（如数据类型、研究情境设计）也没有被系统考虑。因此，本文将检验样本来源国家、数据类型和研究情境真实性的调节作用。

（1）快速消费品。优惠券的使用与产品的购买不可分割，Applebaum（1951）的研究发现购物的频率主要取决于所涉及商品的类型。快速消费品是使用周期短且重复购买率高的消耗品。因此，相比非快消品，消费者对快速消费品的购买频率更高且稳定。顾客的访问频率越高，他们接触零售商的机会就越多，两者之间的互动增加了顾客了解企业及其产品的可能性（Bendapudi and Leone，2003）。Mägi 和 Julander（2005）的研究进一步发现，顾客的价格知识取决于商店访问的频率。通过频繁的交互，消费者更有可能在他们的脑海中存储定价信息。由此本文认为，相比非快消品，消费者对快消品的价格、折扣区间、频率和方式的认知更加确定，购买决策会综合考虑历史最低价、替代品价格以及未来降价期望等因素，优惠券的折扣吸引力降低，并提出以下假设：

H1a：相比非快消品，快速消费品的购买受优惠券影响更小。

感知质量是影响消费者购买决策的重要因素，而 Zeithaml（1988）的研究指出价格是消费者感知质量的外在线索。正如"便宜无好货"这句俗语所指出的，促销有时会引发消费者的质量担忧，进而导致不购买，但快速消费品是标准化程度高、消费者感知质量相对确定的产品，优惠券折扣带来的质量猜疑会减少。而非快消品的使用与购买频率远远低于快消品，折扣会使消费者的感知产品价值下降和质量怀疑上升，从而降低购买倾向（Cai et al.，2016）。所以本文推断，消费者对快消品的价格和质量判断更稳定，优惠券面值越大，消费者的感知经济利益越高，兑现意愿越强，相反，对于非快消品，优惠券面值越大，质量担忧越强，购买倾向越低。因此，本文提出以下假设：

H1b：当产品是快速消费品（vs. 非快消品）时，面值对优惠券兑现的正面影响更强。

（2）优惠券类型。相比传统的纸质优惠券，电子优惠券的折扣凭证本质没有发生变化，但是无实物属性使得电子优惠券的传播范围和便利性有了显著提升。基于信息技术的电子优惠券的传播不依赖报纸、杂志以及人力的限制，传播的成本低、速度快、范围广，获取和兑换的便利性也更高，能极大地降低消费者的搜索、获取、保存和兑换成本。基于感知价值理论，在同等面值的情况下，当感知成本降低时，电子优惠券的感知价值更高，兑换率更高。因此，本文提出以下假设：

H2a：相比传统优惠券，电子优惠券的兑现率更高。

除了便利性的显著提升，消费者在电子优惠券上也能获得更多的商家信息、口碑点评辅助做出购买决策（Belch，2001）。受制于纸张大小，传统优惠券往往仅能传递面值、使用条件、有效期等基础信息，其他信息的缺失使得消费者更多依赖优惠券这一线索去判断产品质量，做出购买决策。优惠券面值越大，越容易引起低质量联想，从而降低消费者的购买意愿。相反，电子优惠券可以直接提供更多信息或者流畅的信息获取渠道（例如 APP 跳转页），引导消费者了解有利于产品的积极信息，增强消费者的感知产品价值和质量。面值更多作为感知经济利益的线索，面值越大，经济收益越高，"花更少的钱买到好东西"的心理满足感越强，兑现意愿越强。因此，本文提出以下假设：

H2b：当消费者获得电子优惠券（vs. 传统优惠券）时，面值对优惠券兑现的正面影响更强。

优惠券的获取与使用都与个体所处的环境息息相关，计划行为理论的研究已经证实个人态度和主观规范会影响优惠券的兑换（Shimp et al.，1984），个人态度是个体对某种行为及结果积极或消极的评价，主观规范则涉及外部环境对个体行为的要求。消费者可能因为被他人称赞"聪明的购物者"去兑现优惠券，也可能因为家庭成员的贬低而不去使用（Schindler et al.，1989；Kaufman and Hernandez，1990）。优惠券使用过程中他人的存在可能导致消费者尴尬，并因此减少优惠券使用数量（Brumbaugh，2009），而传统优惠券的获得与使用环境都无法避免他人在场的情况。相反，伴随信息技术的发展，消费者可以在网络上完成电子优惠券搜索到使用的全过程，而不接触他人。也就是说，电子优惠券的兑换更多由个体独立决定，受到个人评价和判断的影响，而较少受到他人期望的影响。因此，本文提出如下假设：

H2c：相比传统优惠券，个人态度对消费者电子优惠券兑现意愿的影响更大。

H2d：相比传统优惠券，主观规范对消费者电子优惠券兑现意愿的影响更小。

（3）样本来源国家。许多研究已经发现不同国家、地区的消费者在购买行为上具有很大差异。Green（1996）的研究发现，在英美国家中，白人更多了解并使用优惠券，而拉丁裔和黑人居住区的优惠券兑现率较低。Dong 和 Kaiser（2005）的研究同样发现非裔美国人和西班牙裔家庭使用的优惠券数量相比白人家庭更少，而亚洲家庭的优惠券兑换率与白人家庭相比没有显著差异。Ashok（2019）的研究发现亚洲人相比白种人更有可能使用优惠券。为了验证不同国家优惠券使用行为的差异，本文用东方国家和西方国家代表样本来源国家地域的差别。Hofstede（1984）的国家文化差异五维度模型指出，东方国家具有更强的长期调节导向，长期导向即培育和鼓励以追求未来回报为导向的品德，尤其是坚韧和节俭。节俭即为实现长期目标，有所克制地获取、机智地使用经济物品及服务的程度（Lastovicka，1982）。受到节俭价值观的影响，东方人在购物中更可能精打细算，追求"花更少的钱买东西"。因此，本文推测优惠券对来自东方国家的消费者的吸引力更强，他们在购物时会更多地搜寻和使用优惠券，即：

H3a：相比西方国家，来自东方国家的样本的优惠券兑现率更高。

节俭同样影响消费者对实际经济节省的关注。武瑞娟（2012）的研究表明，节俭价值观至少包含货比三家和未雨绸缪两个维度，货比三家是指提高钱的利用率，不花冤枉钱；未雨绸缪则是指存钱以备不时之需。受到这样价值观的影响，东方国家消费者在使用优惠券时，可能更关注面值的大小，面值越大，表明此次购物的实际支出越少，性价比越高，也意味着节省下的可供未来使用的金额越大。因此，本文推断：

H3b：相比西方国家，面值对东方国家消费者优惠券兑现的正面影响更显著。

同时，国家文化差异五维度模型也指出，东方国家的人具有更强的集体主义，即强调人的互依性、社会嵌入性以及对内群体（如家族）的义务与忠诚（黄梓航等，2018）。受到集体主义文化的影响，个体可能更加关注群体中他人的看法，并因此改变自己的行为。Claire（2016）的研究发现，当可能被其他人看到自己使用优惠券时，集体主义消费者不太可能兑换优惠券，因为他们认为优惠券兑换不利于个人的印象管理。考虑到个人面子的维护，即使对使用优惠券抱有积极的个人态度，东方国家的消费者也可能为了避免给其他人留下追求廉价的负面印象而减少优惠券的使用。同样，即使他人已经表达了对使用优惠券的支持，东方国家的消费者也可能为了塑造有利形象而减少优惠券的使用。综上所述，本文提出如下假设：

H3c：相比西方国家，个人态度对东方国家消费者的优惠券兑现的积极影响较小。

H3d：相比西方国家，主观规范对东方国家消费者的优惠券兑现的积极影响较小。

（4）数据类型。优惠券内隐机制的实证研究主要涉及两类数据：一类是横截面数据，即相关变量在同一时点进行测量所得的数据，这类数据收集便利但也容易导致共同方法偏误，放大变量之间的相关系数。具体而言，个人态度、主观规范等变量通常采用自我报告法进行测量，被试在回答题项的过程中，可能被强化倾向，从而在后续测量中表现出更强的意愿，最终得到相关关系更强的结论。另一类是时间序列数据，即通过纵向追踪研究收集不同时点的数据，并进一步分析变量间的因果联系。这种数据收集方式可以捕捉认知与实际行为之间时间差的影响，具体来说，消费者在获得优惠券时形成的认知，可能随着时间而减弱，从而追踪到更低的兑现意愿或兑现行为，最终获得相关关系更弱的结论。因此，本文提出如下假设：

H4：相比时间序列数据，前因变量与优惠券兑现及消费者兑现意愿的相关关系在横截面数据中更显著。

（5）情境真实性。优惠券研究设计中必然包含购物情境的设计，现有研究中一部分采用虚拟的购物情境（实验室实验或问卷调查），一部分则是真实的购物情境。虚拟情境要求被试自行想象购物场景，这种方式可以引导被试的注意力，并允许控制可能与假设关系有关的替代解释（Smith，1999）。而真实情境（如田野研究和二手数据）将被试置于自然的消费环境中，更加贴近现实。由于虚拟情境可以对潜在混淆变量和噪音进行更严格的控制，在虚拟情境下能得出比真实情境下更明显的结果（Farley，1995），同时，因为虚拟情境中的优惠券兑现并不支出真实的金额，消费者的感知成本低，更可能因宽大效应而表现出更强的兑现意愿或兑现行为。基于此，本文提出以下假设：

H5a：相比虚拟情境，真实情境中，消费者的购买受优惠券影响更小。

不同的购物情境下，消费者对优惠券兑现地的距离感知也会产生差异，具体来说，虚拟情境通常采用"400米""10分钟路程"等量词描述距离，这种方式可能将被试的心理距离操纵为较远的空间距离，而空间折扣的研究指出人们会对发生在远空间的事件赋予更小的价值（Perrings，2001）。而真实情境下，被试并不被告知距离，交通工具、被试对优惠券兑现地的熟悉程度、兑现地与家庭/工作地的相对位置等因素都可能使被试的感知空间距离更近，从而赋予兑现优惠券更大的价值，更多地使用优惠券。因此，本文提出以下假设：

H5b：相比虚拟情境，真实情境中，距离对优惠券兑现行为的负面影响较小。

检验优惠券兑现行为及消费者兑现意愿的假设框架见图1。

3. 研究方法

3.1　文献检索与筛选

为搜集到尽可能全面的相关文献，本文通过以下两种途径搜索文献：一是以 EBSCO、JSTOR、ELliser 等外文数据库，以及中国知网、万方等中文数据库为检索数据库，检索题名、关键词、摘要

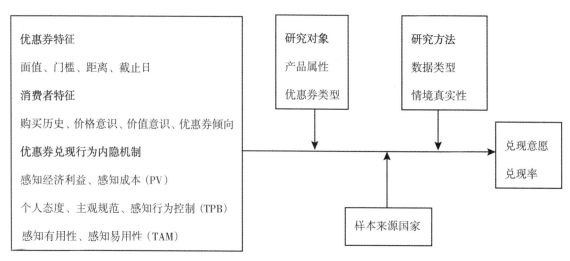

图 1　检验优惠券兑现行为及消费者兑现意愿的假设框架

或主题词中包含 coupon、redeem、redemption、coupon usage、coupon and consumer behavior 等以及优惠券、优惠券使用的文献，下载这些文献，无法获得全文的则先通过摘要了解其是否满足要求，若满足，则通过馆际互借的方式获取全文。二是专项检索长期从事优惠券营销研究的学者，查找其同本文主题密切相关的已经发表的论文。截至 2020 年 6 月，本文初步检索后获得 219 篇文献。然后，筛选初次检索到的文献。具体标准如下：第一，研究中必须包含优惠券特征、消费者特征或解释机制的度量。第二，必须是实证研究，剔除案例、定性文献综述等研究。第三，必须报告元分析所需的效应值或可转换统计量。第四，同一个研究分多阶段发表、重复发表或相同、交叉样本发表的不同研究，本文只纳入内容更为详细、样本量更大的研究。按照上述标准，本文最终获得 57 篇相互独立的实证文献，英文、中文文献分别是 51 篇和 6 篇。

3.2　变量编码与效应值

编码工作的主要内容包括三方面：其一是作者、题目、发表时间、期刊名称等常规信息；其二是研究方法、数据属性、样本量，以及自变量、因变量和调节变量及其信度等研究特征信息；其三是各类效应值，包含 R 族效应值（相关系数、路径系数、回归系数）以及 t、F、d、均值和 SD 等统计数据。

为检验潜在调节变量的作用，本文将快速消费品、优惠券类型、样本来源国家、数据类型、研究情境作为离散变量进行编码。快速消费品变量，若为快消品或 "supermarket" "grocery" 产品则编码为 1，否则为 0。优惠券类型变量，若为电子优惠券（包括短信、电子邮件、网页及移动优惠券）则编码为 1，传统纸质优惠券则编码为 0。以上两个变量若文章未明确标注且无法通过上下文判断则编码为空缺 NA。样本来源国家变量，若为东方国家则编码为 1，西方国家则编码为 0。数据类型变量，若为时间序列数据则编码为 1，横截面数据则编码为 0。情境真实性变量，若为虚拟情境则编码为 0，真实情境则编码为 1。

两轮编码完成后进行交叉核对，一致率达到 85%，不一致内容通过回归原文方式进行勘误，主观判断存在差异的地方则通过讨论达成共识。

编码完成后，本文对原始效应值进行处理。首先，遵循过往研究对相关系数进行相应的信度修正，即修正量表信度缺陷所导致相关系数的衰减偏差，对一些没有报告信度系数的个别研究，使用其他相似研究的样本加权平均信度代替（Hunter and Schmidt，2004）。其次，根据以往的元分析做法，将所有非相关系数的统计量（路径系数、β、t、F、d、均值和 SD）采用不同方法转化为相关系数（Peterson，2005；赖弘毅，2014；卫旭华，2018）。最后，使用处理后的相关系数作为统计效应值，经过计算与转换共获得 191 个效应值，当变量效应值小于 3 时，该变量未纳入后续分析。

3.3 元分析过程

本文应用元分析软件 Comprehensive Meta Analysis2.0 软件进行数据处理，并从以下几个方面进行分析。第一，异质性检验。Q 和 I^2 是判断异质性水平高低的重要指标，Q 大于 $k-1$ 且显著，I^2 大于 0.6 则为异质分布。由于本文检验出的效应值都是异质的，故采用随机效应模型。第二，出版偏倚分析。本文使用 Begg 检验以及失安全系数（Fail-Saf N）检验来双重考察论文出版偏倚的严重程度。大部分效应值的 Begg 检验值未达到显著水平，大部分效应值的失安全系数也高于遵循的标准 $5k+10$（k 为已有研究数量），通过两次检验，纳入文献不存在出版偏倚问题，元分析结果是有效的。第三，结果报告。本文报告了修正后的总体相关系数 ρ 及其置信区间。

4. 结果与分析

4.1 优惠券兑现率影响因素的结果分析

优惠券兑现率影响因素的主效应分析结果如表 2 所示。作为一种广泛使用的促销工具，优惠券与消费者的购买有显著的正相关关系（$\rho=0.238$）。面值是优惠券最重要的特征，尽管不同研究曾得到相异的结论，但整体而言，面值对优惠券的兑现率有显著的促进作用（$\rho=0.259$）。距离越远，兑现率越低（$\rho=-0.108$）。截止日和使用门槛与优惠券兑现率有负相关关系，但考虑出版偏倚问题，这一结论需要纳入更多数据加以检验。使用优惠券更多的消费者有四类：有购买历史者（$\rho=0.532$）、高优惠券倾向者（$\rho=0.511$）、高价值意识者（$\rho=0.212$）和高价格意识者（$\rho=0.474$）。感知成本对优惠券兑换有显著的负向影响（$\rho=-0.390$）。基于计划行为理论框架解释优惠券兑现行为，其中个人态度的相关性达到 0.422，而主观规范和感知行为控制因数据不足，未能讨论。

表 2 优惠券兑现率影响因素的元分析结果

自变量	k	N	效应值及95%区间			双尾检验		同质性检验		偏倚分析	
			ρ	下限	上限	Z	p	Q	I^2（%）	Fail-saf N	Begg 检验
优惠券	13	266301	0.238	0.195	0.281	10.354	0.000***	873.778***	98.627	7341	0.464
面值	13	55791	0.259	0.135	0.375	4.007	0.000***	2243.650***	99.465	6848	0.161
距离	8	44730	-0.108	-0.211	-0.003	-2.020	0.043**	530.519***	98.681	93	0.805
截止日	15	36644	-0.112	-0.190	-0.032	-2.753	0.006***	438.661***	96.808	74	0.038
门槛	3	20272	-0.113	-0.332	0.117	-0.961	0.337	430.875***	99.536	19	1.000
购买历史	5	9837	0.532	-0.041	0.842	1.833	0.067*	1228.694***	99.674	2364	0.624
优惠券倾向	13	5044	0.511	0.352	0.642	5.620	0.000***	602.122***	98.007	5324	0.272
价格意识	3	996	0.474	-0.081	0.804	1.692	0.091*	181.824***	98.900	211	0.602
价值意识	10	4202	0.212	0.172	0.252	10.065	0.000***	16.910*	46.777	488	0.474
感知成本	5	1634	-0.390	-0.604	-0.124	-2.814	0.005***	132.780***	96.988	354	1.000
个人态度	12	4430	0.422	0.245	0.571	4.420	0.000***	481.243***	97.714	2578	1.000

注：k 表示效应值个数；N 表示样本个数；ρ 表示效应值；95%置信区间为基于修正的总体相关系数的95%置信区间；双尾检验报告了 Z 值和 p 值；Q 为组内异质性检验统计量；I 反映异质性部分在效应量总变异中所占的比重；Begg 检验显著性和 ρ 显著时的失安全系数用来评估发表偏差严重程度（当 k≤2 时，不能进行 Begg 检验）。

* 表示 $p < 0.10$；** 表示 $p < 0.05$；*** 表示 $p<0.01$。下同。

4.2 优惠券兑现意愿影响因素的结果分析

如表 3 所示，感知经济利益与消费者兑现意愿有显著的正相关关系（$\rho = 0.512$），感知成本则显著负相关（$\rho = -0.247$），与之相对应，便利性对兑现意愿有显著促进作用（$\rho = 0.450$）。在计划行为理论框架中，个人态度的相关性达到 0.516，是解释力度最强的变量，而主观规范（$\rho = 0.245$）和感知行为控制（$\rho = 0.326$）同样具有显著正相关关系。在技术接受模型中，感知有用性和感知易用性的相关性分别为 0.528 和 0.456。更愿意使用优惠券的消费者包括有购买历史者（$\rho = 0.445$）、高优惠券倾向者（$\rho = 0.321$）。

表 3 优惠券兑现意愿影响因素的元分析结果

自变量	k	N	效应值及95%区间			双尾检验		同质性检验		偏倚分析	
			ρ	下限	上限	Z	p	Q	I^2（%）	Fail-saf N	Begg 检验
感知经济利益	8	2547	0.512	0.381	0.623	6.744	0.000***	121.545***	94.241	1718	0.536
便利性	4	1074	0.450	0.197	0.647	3.328	0.001***	66.679***	95.501	256	0.734
感知成本	10	9012	-0.247	-0.314	-0.177	-6.722	0.000***	97.968***	90.813	1137	0.592

续表

自变量	k	N	效应值及95%区间			双尾检验		同质性检验		偏倚分析	
			ρ	下限	上限	Z	p	Q	I^2（%）	Fail-saf N	Begg 检验
个人态度	16	5948	0.516	0.379	0.631	6.495	0.000***	671.591***	97.766	7755	1.000
主观规范	11	4281	0.245	0.054	0.418	2.507	0.012**	412.451***	97.575	757	0.697
感知行为控制	6	2401	0.326	0.141	0.488	3.382	0.001***	115.869***	95.685	411	0.707
感知有用性	4	1734	0.528	0.411	0.629	7.615	0.000***	29.596***	89.863	633	0.089
感知易用性	3	1369	0.456	0.209	0.648	3.445	0.001***	52.280***	96.174	284	0.296
购买历史	5	1907	0.445	0.258	0.600	4.370	0.000***	86.978***	95.401	509	1.000
优惠券倾向	13	9523	0.321	0.245	0.393	7.896	0.000***	171.989***	93.023	2638	0.625

4.3　调节效应检验

纳入调节效应检验的关系必须符合以下标准：（1）主效应显著；（2）异质性显著；（3）不同条件下所含效应值数量大于2。调节效应的检验结果如表4所示。

表4　　　　　　　　各调节变量对优惠券兑现及消费者兑现意愿的调节作用

调节变量	检验关系	$K_{r=0}$	$K_{r=1}$	β	SE	p	假设
产品类型	优惠券→购买	7	6	-0.189	0.010	***	H1a 成立
	面值→兑现	3	10	0.111	0.010	***	H1b 成立
优惠券类型	优惠券→购买	5	8	0.199	0.010	***	H2a 成立
	面值→兑现	8	5	0.237	0.012	***	H2b 成立
	个人态度→兑现意愿	7	9	0.153	0.026	***	H2c 成立
	主观规范→兑现意愿	5	6	-0.115	0.031	***	H2d 成立
样本来源国家	优惠券→购买	10	3	0.274	0.013	***	H3a 成立
	面值→兑现	10	3	0.288	0.001	***	H3b 成立
	个人态度→兑现	10	6	-0.140	0.027	***	H3c 部分成立
	个人态度→兑现意愿	8	4	0.388	0.031	***	
	主观规范→兑现意愿	4	7	-0.346	0.031	***	H3d 成立
时间跨度	个人态度→兑现	8	4	-0.563	0.033	***	H4a 成立
	个人态度→兑现意愿	12	4	-0.266	0.031	***	H4b 成立
	感知成本→兑现意愿	5	5	0.046	0.021	0.029**	H4c 成立
	主观规范→兑现意愿	7	4	0.121	0.033	***	H4d 不成立

续表

调节变量	检验关系	$K_{r=0}$	$K_{r=1}$	β	SE	p	假设
情境真实性	优惠券→购买	3	10	−0.444	0.040	***	H5a 成立
	距离→兑现	5	3	0.153	0.035	***	H5b 成立

第一，优惠券对购买的影响在零售商品条件下会显著降低（$\beta=-0.189$），但是面值的影响会显著提高（$\beta=0.111$），假设 H1 得到验证。

第二，传统优惠券和电子优惠券在各种关系上存在显著差异。电子优惠券的兑现率显著高于传统优惠券（$\beta=0.199$），面值对电子优惠券的影响力度更大（$\beta=0.237$）。在兑现意愿的关系检验中，个人态度对电子优惠券的影响更大（$\beta=0.153$），主观规范的影响更小（$\beta=-0.115$），总体而言，假设 H2 得到验证。

第三，样本来源国家调节优惠券兑现的各种关系。东西方国家的消费者在优惠券兑现上存在显著差异，东方消费者的兑现率更高（$\beta=0.274$）。面值对东方消费者的优惠券兑现影响更大（$\beta=0.288$），但是东方消费者的兑现行为受个人态度的影响更小（$\beta=-0.140$）。在消费者兑现意愿关系检验上，东方消费者的兑现意愿更多受到个人态度的影响（$\beta=0.388$），更少受到主观规范的影响（$\beta=-0.346$）。因此，假设 H3 部分成立。

第四，数据类型调节优惠券兑现及消费者兑现意愿的部分关系。时间序列数据与横截面数据之间存在显著差异，且时间序列数据在个人态度与优惠券兑现（$\beta=-0.563$）、个人态度与兑现意愿（$\beta=-0.266$）及感知成本与兑现意愿（$\beta=0.046$）的关系检验中显示更小的效应值。但在主观规范与兑现意愿的关系检验中，时间序列数据显示更强的影响（$\beta=0.121$）。因此，假设 H4 部分成立。

第五，优惠券对购买的影响在真实情境下会显著下降（$\beta=-0.444$），距离对优惠券兑现的影响在真实情境下显著下降（$\beta=0.153$）。因此，假设 H5 得到验证。

5. 讨论、局限和展望

本文通过对 57 篇文献、107 个独立研究、360558 个样本进行整合分析，最大程度弱化了不同实证研究中研究设计、样本特征等差别所带来的相关性强度不同的问题，理清了优惠券领域的三大研究方向的主要结论。

5.1 主要结论

首先，在主效应检验上，优惠券的兑现是一个复杂的过程。本文发现优惠券设计特征有不同的效果。具体而言，面值是最重要的特征，显著正向影响优惠券兑现，距离对优惠券兑现率有显著负向影响，截止日和使用门槛与优惠券兑现率有负相关关系，但这一结论需要更多文献数据进行再检验。作为优惠券兑现的主体，不同类型的消费者同样具有显著差异。有购买历史的顾客相比新顾客更可能使用优惠券；高优惠券倾向的消费者更偏好使用优惠券；价格意识和价值意识同样对优惠券兑现有显著正向影响。优惠券兑现行为内隐机制研究运用不同理论解读消费者行为，从感知价值理论角度来看，感知经济利益和便利性会正向影响消费者兑现意愿，而感知成本对优惠券兑现及消费者兑现意愿都有负向影响；计划行为理论从三方面解释优惠券兑现行为，其中个人态度具有最强的正向影响，主观规范度量社会压力的影响，感知行为控制度量行为实施的难易程度，两者同样具有显著正相关关系。技术接受模型在计划行为理论基础上加入感知有用性和感知易用性去解释消费者对电子优惠券的兑现意愿，两者都有显著的正向影响。

其次，研究对象的选择会调节优惠券兑现行为及消费者兑现意愿与其前因变量之间的关系。具体来说，当优惠券适用产品是快速消费品时，优惠券的兑现率会下降，但面值的经济刺激作用会被放大，面值对优惠券兑现的影响力上升。当研究对象为电子优惠券时，兑现率会显著提升，因为电子优惠券的兑换更加便利。同时，面值和个人态度的积极作用也会提升，但主观规范的影响下降，因为电子优惠券的使用是更加独立的行为。

再次，东西方国家的消费者在优惠券使用上表现出显著差异。东方国家的消费者更多使用优惠券，且面值的积极作用也更强，这可能与东方人节俭品质有关。在消费者兑现意愿的测量上，东方消费者表现出更多受到个人态度的影响，可能的原因是东方国家的消费者更在意面子，希望保持独立自主的形象，因此在填写量表时有更多的印象管理行为。

最后，研究方法的选择同样会调节优惠券兑现行为及消费者兑现意愿与其前因变量之间的关系。时间序列数据可以捕捉优惠券兑现过程中时间差带来的影响，在个人态度与优惠券兑现关系中显示出更小的效应值。当研究设计为真实情境时，优惠券的兑现率及距离的负面影响都会下降。未来的研究应该注意研究情境的差异以及样本类型和测量方式的选择。

5.2　理论贡献

本文理清了近 50 年来优惠券促销效果的相关研究，将纷杂的研究划分为三个基本方向：优惠券特征、优惠券敏感型消费者特征和优惠券兑现行为内隐机制，并采用国际流行的元分析定量综述法，通过全面系统收集已有实证研究结果形成大样本，将同类研究结果进行定量综合，对研究结果间差异的来源进行检验，修正单个研究的测量误差和样本误差，从而解释结构性的缺陷和研究的偏差（王永贵和张言彩，2012）。

过去的研究从调查、实验室实验和现场实验等实证角度来探讨优惠券兑现的影响因素，但由于研究的情境和方法不同，研究结论大相径庭。本文通过元分析对各项独立研究的效应值进行计算，得到了变量之间更加无偏、一致的效应值估计，为优惠券促销效果研究得出了更具代表性的结论。同时，本文的元分析结果也显示相关关系 ρ 的绝对值从 0.108 到 0.582，表明了不同变量从小到中等程度的变化，反映了不同变量间的主次关系。此外，本文还从优惠券兑现行为主体，即消费者层面探讨优惠券的兑现，归纳出购买历史、优惠券倾向、价格意识、价值意识四种消费者分类方法。

本文的重要贡献之一是基于多维理论视角探讨优惠券兑现行为的内隐机制，按照时间顺序分别从感知价值理论、计划行为理论和技术接受模型等多个理论视角详细解释优惠券兑现的过程。

本文的另一个重要贡献是从多角度对优惠券研究进行了量化对比，理论上推进了现有优惠券研究。本文创新性地根据购物频率将产品划分为快速消费品和其他产品，并探讨了两类产品在优惠券促销效果上的差异，丰富了基于产品类型的优惠券效果研究，并为之后的研究提供了新的视角。另外，本文也是首个对比传统优惠券和电子优惠券的综述性文章，元分析结果不仅有助于拓宽学者们对不同类型优惠券促销的理解，而且揭示了信息技术的发展对优惠券促销的影响。

本文的重要贡献还在于从研究设计层面为现有优惠券促销效果研究中的不一致结论提供了新的协调视角。首先，本文详细分析了样本的地域性（东方国家 vs. 西方国家）在优惠券促销中的作用，拓展了以种族为主要划分依据的相关研究。不仅如此，本文还引入霍夫斯泰德的国家文化差异五维度模型解释东西方国家消费者在优惠券兑现行为中的差异，对优惠券敏感型消费者的相关研究做出了有益补充。其次，本文对比了不同时间跨度的研究数据（横截面数据 vs. 时间序列数据）所得结论的差异，这是优惠券研究中首次检验优惠券获取与使用之间的时间差效应，本文对数据类型的讨论增强了优惠券研究的精度。最后，本文探讨了研究情境的真实性（虚拟情境 vs. 真实情境）在优惠券研究中的作用，真实情境下的相关关系 ρ 的绝对值显著小于虚拟情境下的结果，说明还存在诸多潜在的变量影响优惠券的实际兑现行为，值得学者继续探索。

5.3 管理启示

优惠券是最常见的促销工具，本文的研究结论对众多企业具有丰富启示。首先，本文建议企业在设计优惠券时应当根据营销目标个性化设定面值的大小及展现形式，例如，对于快消品企业或零售商而言，消费者可能更关注优惠券的实际折扣金额，而不是优惠券样式，企业可以采用适当的策略增强消费者的感知经济利益。

其次，企业在优惠券类型的选择上也需要根据长短期营销目标进行取舍，尽管纸质优惠券的整体兑现率低于电子优惠券，但纸质优惠券可以包含更多的象征意义。而在电子优惠券的兑现中，个人态度有重要的影响，因此，本文建议企业应当选择合适的时间、地点发放优惠券，以免引起消费者的反感。特别地，随着移动技术和定位服务的发展，移动优惠券的发放更加场景化，但这也引起了消费者的隐私担忧和厌恶情绪，企业在设计推广策略时应当避免唤起消费者的负面情绪。对于跨国企业而言，不同国家的消费者对优惠券的偏好不同，东方人可能对优惠券的面值以及有他人在场的购物环境更敏感，因此，跨国企业需要因地制宜采用不同的优惠券促销策略。

最后，对企业而言，盲目发放优惠券是浪费且不可取的，根据顾客的历史轨迹、行为特征进行消费者分类，有针对性地发放优惠券是更好的选择。

5.4 研究不足与展望

本文也存在一定的局限性：首先，本文仅纳入中英文文献，未纳入其他语言的文献，可能存在选择偏差问题，从而对测量结果产生一定影响；其次，本文中部分自变量的文献数量较少，相应的结果稳定性不足；最后，受限于研究数量，本文的调节变量并未检验所有的变量关系。

在研究过程中，本文也发现了一些未来的研究方向：第一，本文的元分析显示，不同研究结论之间具有很大的异质性，除了文中所列的调节变量，可能还存在其他调节变量，值得进一步探究。第二，关于移动优惠券的相关研究数量较少。相比传统优惠券，移动优惠券拥有更多的色彩、图片甚至是主题，这使移动优惠券兼具了一些移动广告的特质。未来的研究可以结合时间、空间因素探讨移动优惠券的广告功能和曝光效应。第三，大量的研究聚焦于优惠券的兑现，关于优惠券的长期影响，例如品牌忠诚、品牌形象等研究数量较少。探讨这些问题有利于清晰地认识和使用优惠券。

◎ 参考文献

［1］赖弘毅，晁钢令．渠道权力的使用效果研究——基于元分析技术［J］．南开管理评论，2014，17（1）.

［2］李雪娇．消费新动能在哪里？［J］．经济，2020（5）.

［3］刘芬，赵学锋，张金隆等．移动优惠券的消费者使用意愿研究：基于个人特征和动机的视角［J］．管理评论，2016，28（2）.

［4］王永贵，张言彩．元分析方法在国内外经济管理研究中的应用比较［J］．经济管理，2012（4）.

［5］卫旭华，王傲晨，江楠．团队断层前因及其对团队过程与结果影响的元分析［J］．南开管理评论，2018，21（5）.

［6］Achadinha, N. M. J., Jama, L., Nel, P. The drivers of consumers' intention to redeem a push mobile coupon［J］. Behaviour & Information Technology, 2014（12）.

［7］Ailawadi, K. L., Lehmann, D. R., Neslin, S. A. Market response to a major policy change in the marketing mix: Learning from Procter & Gamble's value pricing strategy［J］. Journal of Marketing, 2001, 65（1）.

［8］Alford, B. L., Biswas, A. The effects of discount level, price consciousness and sale proneness on consumers' price perception and behavioral intention［J］. Journal of Business Research, 2002, 55（9）.

［9］Alvin, S. The influence of media characteristics on coupon redemption［J］. Journal of Marketing, 1966, 30（5）.

［10］Amy, K. S., Ruth, N. B., Janet, W. A model of customer satisfaction with service encounters involving failure and recovery［J］. Journal of Marketing Research, 1999, 36（3）.

［11］Applebaum, W. Studying customer behavior in retail stores［J］. Journal of Marketing, 1951, 16（2）.

［12］Aviv, S., Maja Makovec, B. Value, price consciousness, and consumption frugality: An empirical study［J］. Journal of International Consumer Marketing, 2004, 17（1）.

［13］Bagozzi, R. P., Baumgartner, H., Yi, Y. State versus action orientation and the theory of reasoned action：An application to coupon usage［J］. Journal of Consumer Research, 1992, 18.

［14］Banerjee, S. S. , Yancey, S. Enhancing mobile coupon redemption in fast food campaigns［J］. Journal of Research in Interactive Marketing, 2010, 4（2）.

［15］Barat, S. , Amos, C. , Paswan, A. , et al. An exploratory investigation into how socioeconomic attributes influence coupons redeeming intentions［J］. Journal of Retailing & Consumer Services, 2013, 20.

［16］Barry, J. B. , Christine, G. , Christina, W. Does Santa have a great job? Gift shopping value and satisfaction［J］. Psychology & Marketing, 2007, 24（10）.

［17］Bawa, K. , Shoemaker, R. W. The coupon-prone consumer：Some findings based on purchase behavior across product classes［J］. Journal of Marketing, 1987, 51（4）.

［18］Beeck, I. , Toporowski, W. When location and content matter：Effects of mobile messages on intention to redeem［J］. International Journal of Retail & Distribution Management, 2017, 45（7）.

［19］Blattberg, R. , Buesing, T. , Peacock, P. et al. Identifying the deal prone segment［J］. Journal of Marketing Research, 1978, 15（3）.

［20］Blut, M. , Chowdhry, N. , Mittal, V. , et al. E-service quality：A meta-analytic review［J］. Journal of Retailing, 2015, 91（4）.

［21］Brumbaugh, A. M. , Rosa, J. A. Perceived discrimination, cashier meta-perceptions, embarrassment, and confidence as influencers of coupon use：An ethnoracial-socioeconomic analysis ［J］. Journal of Retailing, 2009, 85（3）.

［22］Chiang, H. H. , Lin, H. Y. , Tu, S. C. Analyzing behaviors influencing use of mobile coupons from the perspective of transaction utility［J］. Social Behavior and Personality：An International Journal, 2013, 41（3）.

［23］Chiou-Wei, S. Z. , Inman, J. J. Do shoppers like electronic coupons? A panel data analysis［J］. Journal of Retailing, 2008, 84（3）.

［24］Claire Heeryung, K. , Youjae, Y. The effects of impression management on coupon redemption across cultures［J］. Psychology & Marketing, 2016, 33（7）.

［25］Danaher, P. J. , Smith, M. S. , Ranasinghe, K. , et al. Where, when, and how long：Factors that influence the redemption of mobile phone coupons［J］. Journal of Marketing Research, 2015, 52 （5）.

［26］David, J. R. , Phillis, A. T. Factors affecting coupon redemption rates［J］. Journal of Marketing, 1982, 46（4）.

［27］Davis, F. D. Perceived usefulness, perceived ease of use, and user acceptance of information technology［J］. MIS Quarterly, 1989, 13（3）.

［28］Donald, R, L, , Richard, G. N. , Scot, B. Distinguishing coupon proneness from value consciousness：An acquisition-transaction utility［J］. Journal of Marketing, 1990, 54（3）.

［29］Dong, D. S., Harry, M. K. Coupon redemption and its effect on household cheese purchases ［J］. American Journal of Agricultural Economics, 2005, 87 (3).

［30］Farley, J. U., Lehmann, D. R., Sawyer, A. Empirical marketing generalization using meta-analysis ［J］. Marketing Science, 1995, 14 (3).

［31］Fong, N. M., Fang, Z., Luo, X. Geo-conquesting: Competitive locational targeting of mobile promotions ［J］. Journal of Marketing Research, 2015, 52 (5).

［32］Fortin, D. R. Clipping coupons in cyberspace: A proposed model of behavior for deal-prone consumers ［J］. Psychology & Marketing, 2000, 17 (6).

［33］George, L. S., Donald, R. L. The effect of double deals on consumer attitudes ［J］. Journal of Retailing, 1993, 69 (4).

［34］Green, C. L. Ethnic response to couponing: A motivational perspective ［J］. Journal of Consumer Marketing, 1996, 13 (2).

［35］Green, C. L. Differential responses to retail sales promotion among African-American and Anglo-American consumers ［J］. Journal of Retailing, 1995, 71 (1).

［36］Henderson, C. M. The interaction of coupons with price and store promotions ［J］. Advances in Consumer Research, 1988, 15 (1).

［37］Hernandez, S. A. An exploratory study of coupon use in Puerto Rico: Cultural vs. institutional barriers to coupon use ［J］. Journal of Advertising Research, 1988, 28 (5).

［38］Hofstede, G. Cultural dimensions in management and planning ［J］. Asia Pacific Journal of Management, 1984 (2).

［39］Hsueh, S. C., Chen, J. M. Sharing secure m-coupons for peer-generated targeting via eWOM communications ［J］. Electronic Commerce Research & Applications, 2010, 9.

［40］Hunter, J. E., Schmidt, F. L. Methods of meta-analysis: Correcting error and bias in research findings (2 Ed.) ［M］. Georgia: Sage, 2004.

［41］Jeffrey, J. I., Leigh, M. Do coupon expiration dates affect consumer behavior? ［J］. Journal of Marketing Research, 1994, 31.

［42］Jayasingh, S. An empirical analysis of consumer behavioral intention toward mobile coupons in Malaysia ［J］. International Journal of Business and Information, 2009, 4 (2).

［43］Joseph, B., David, P. C., William, B. F., et al. Consumer issues in coupon usage: An exploratory analysis ［J］. Journal of Applied Business Research, 1996, 13.

［44］Kaufman, C. J., Hernandez, S. A. Barriers to coupon use: A view from the Bodega ［J］. Journal of Advertising Research, 1990, 30.

［45］Khajehzadeh, S., Oppewal, H., Tojib, D. Mobile coupons: What to offer, to whom, and where? ［J］. European Journal of Marketing, 2015, 49.

［46］Kitchen, P. J., Alwi, S. F. S., Che-Ha, N., et al. Coupon redemption behaviour: A Malaysian cross-segment investigation ［J］. Marketing Intelligence & Planning, 2014, 32 (1).

［47］ Krishna, A., Shoemaker, R. W. Estimating the effects of higher coupon face values on the timing of redemptions, the mix of coupon redeemers, and purchase quantity ［J］. Psychology & Marketing, 1992, 9 (6).

［48］ Krishna, A., Zhang, Z. J. Short- or long-duration coupons: The effect of the expiration date on the profitability of coupon promotions ［J］. Management Science, 1999, 45 (8).

［49］ Lalwani, A. K., Wang, J. J. How do consumers' cultural backgrounds and values influence their coupon proneness? A multi-method investigation ［J］. Journal of Consumer Research, 2019, 45 (5).

［50］ Laroche, M., Pons, F., Zgolli, N. et al. A model of consumer response to two retail sales promotion techniques ［J］. Journal of Business Research, 2003, 56 (7).

［51］ Laurence, A., Peter, R. D., Mark, S. No one wants to look cheap: Trade-offs between social disincentives and the economic and psychological incentives to redeem coupons ［J］. Journal of Consumer Psychology, 2005, 15 (4).

［52］ Luo, X., Andrews, M., Fang, Z., et al. Mobile targeting ［J］. Management Science, 2013, 60 (7).

［53］ Mägi, A. W., Julander, C. R. Consumers' store-level price knowledge: Why are some consumers more knowledgeable than others? ［J］. Journal of Retailing, 2005, 81 (4).

［54］ Mills, P., Zamudio, C. Scanning for discounts: Examining the redemption ofcompeting mobile coupons ［J］. Journal of the Academy of Marketing Science, 2018, 46 (5).

［55］ Mittal, B. An integrated framework for relating diverse consumer characteristics to supermarket coupon redemption ［J］. Journal of Marketing Research, 1994, 31 (4).

［56］ Narasimhan, Chakravarthi. A price discrimination theory of coupons ［J］. Marketing Science, 1984, 3 (2).

［57］ Nielsen, Jr A. C. The impact of retail coupons ［J］. Journal of Marketing, 1965, 29 (4).

［58］ Osuna, I., González, J., Ca Pizzani, M. Which categories and brands to promote with targeted coupons to reward and to develop customers in supermarkets ［J］. Journal of Retailing, 2016, 92 (2).

［59］ Peterson, R. A., Brown, S. P. On the use of beta coefficients in meta-analysis ［J］. Journal of Applied Psychology, 2005, 90.

［60］ Raghubir, P. Coupons in context: Discounting prices or decreasing profits? ［J］. Journal of Retailing, 2004, 80 (1).

［61］ Ralf, W., Stephan, Z. How retailer coupons increase attitudinal loyalty— The impact of three coupon design elements ［J］. European Journal of Marketing, 2014, 48.

［62］ Reichhart, P., Pescher, C., Spann, M. A comparison of the effectiveness of e-mail coupons and mobile text message coupons for digital products ［J］. Electronic Markets, 2013, 23 (3).

［63］ Robert, B. N., Leone, R. P. Psychological implications of customer participation in co-production

[J]. Journal of Marketing, 2003, 67 (1).

[64] Ronald, A. C., James, J. Z., Ronald, E. G. Antecedents of coupon proneness: A key mediator of coupon redemption [J]. Journal of Promotion Management, 2013, 19 (2).

[65] Robert, W, S., Vikas, T. Relating coupon redemption rates to past purchasing of the brand [J]. Journal of Advertising Research, 1985, 25 (5).

[66] Sarkar, S., Khare, A. Moderating effect of price perception on factors affecting attitude towards online shopping [J]. Journal of Marketing Analytics, 2017, 5 (2).

[67] Schindler, R. M. The excitement of getting a bargain: Some hypotheses concerning the origins and effects of smart-shopper feelings [J]. Advances in Consumer Research, 1989, 16 (1).

[68] Shimp, T. A., Alican, K. The theory of reasoned action applied to coupon usage [J]. Journal of Consumer Research, 1984, 11 (3).

[69] Spiekermann, S., Rothensee, M., Klafft, M. Street marketing: How proximity and context drive coupon redemption [J]. Journal of Consumer Marketing, 2011, 28 (4).

[70] Tat, P. K., Bejou, D. Examining black consumer motives for coupon usage [J]. Journal of Advertising Research, 1994, 34 (2).

[71] Trump, R. K. Harm in price promotions: When coupons elicit reactance [J]. Journal of Consumer Marketing, 2016, 33 (4).

[72] Ward, R. W., Davis, J. E. Coupon redemption [J]. Journal of Advertising Research, 1977, 8 (4).

[73] Webster, Jr., Frederick, E. The "deal-prone" consumer [J]. Journal of Marketing Research, 1965, 2 (2).

[74] Zeithaml, V. A. Consumer perceptions of price, quality and value: A means-end model and synthesis of evidence [J]. Journal of Marketing, 1988, 52 (3).

A Review of Research on Coupon Promotion Effects: A Meta-analysis Examination

Shou Zhigang[1] Liao Ziling[2] Zhang Yi[3]

(1, 2, 3 Organizational Marketing Research Center, Wuhan University, Wuhan, 430072)

Abstract: There are many studies on coupon promotion, but the conclusions are not consistent. This paper systematically reviews the nearly 50 years of research in the field of coupon marketing, divides it into three directions, explores the different influencing factors of coupon redemption through meta-analysis, and tries to find out the reasons for the heterogeneity of previous research results. Face value is the most important feature that affects the redemption of coupons, and consumers with a purchase history and high coupon tendency are more willing to use coupons. From the perspective of the implicit mechanism of coupon redemption, perceived economic benefits will increase consumers' intention to redeem, and personal attitudes, subjective norms and perceived behavior control positively affect consumers' intention to redeem. Further adjustment tests showed that retail category, coupon type, sample source country, data time span, and context authenticity can adjust the relationship of some factors to coupon redemption and consumer willingness. This article concludes with a discussion of the results of the research and provides recommendations for management practices and future research.

Key words：Coupon；Redemption；Redeem intention；Meta-analysis

责任编辑：路小静

顾客参与和新产品开发绩效：
跨组织交易情境下的元分析[*]

● 沈　璐[1,2]　蒋思涵[3,4]　李水婷[5]

（1，3　大连海事大学综合交通运输协同创新中心　大连　116026；

2，4，5　大连海事大学航运经济与管理学院　大连　116026）

【摘　要】究竟顾客参与会抑制还是促进新产品开发绩效，在跨组织关系管理领域，学者们说法不一。文章运用元分析法探讨跨组织交易中顾客参与对新产品开发绩效的影响，并基于资源基础观和边界理论，检验顾客参与类型、企业规模、行业类型、国家制度水平和集体主义文化的调节作用，进而解释引起此前研究争议的可能原因。通过对 37 篇实证文献中的 38 个效应值进行归纳分析，发现顾客参与对新产品开发绩效具有显著的正向影响。无论顾客作为信息提供者还是共同开发者，顾客参与均能有效提高新产品开发绩效，但当其作为共同开发者时，顾客参与的促进作用减弱。此外，对于中小型企业以及来自服务业、新兴经济体和集体主义文化的企业而言，顾客参与对新产品开发绩效具有更显著的提升作用。研究结论为企业对顾客参与的管理和使用实践提供了决策参考。

【关键词】顾客参与　新产品开发绩效　跨组织交易　元分析

中图分类号：F274　　　　　文献标识码：A

1. 引言

顾客参与，指顾客参与新产品或新服务的开发过程并为企业提供资源或共同解决问题的活动（Fang，2008）。随着产品更新迭代速度的加快，新产品开发已成为企业在市场上立于不败之地的必然选择。顾客作为重要的利益相关者和服务对象，其参与新产品开发的价值，正受到业界越来越多的关注（付彩和姚山季，2019）。在跨组织交易（interorganizational exchange）即发生于制造商与组织顾客之间的交易中，虽然组织顾客拥有的专业知识可为新产品开发提供更多互补性资源，但其与

---

　*　基金项目：辽宁省社会科学规划基金项目（项目批准号：L20CGL017）。

　通讯作者：蒋思涵，E-mail：501212020@ qq. com。

制造商独立的目标与利益追求有时也会给顾客参与蒙上阴影。例如，约翰逊控制器公司曾邀请其顾客丰田公司深入参与产品开发，虽然丰田公司提供了宝贵的产品设计思路，但也利用自己获取的信息在新产品开发过程中要求提升产品质量、降低交易价格，最终引发冲突导致新产品开发绩效受损（马双等，2015）。因此，在跨组织交易中，是否应该鼓励顾客参与以及鼓励何种形式的顾客参与，成为困扰企业的重要问题。

新产品开发绩效，指新产品开发的效益和效率（Chang & Taylor，2016）。近年来，有关顾客参与如何影响新产品开发绩效，在跨组织管理领域引起了广泛的争论。基于资源基础观（resource-based view），部分学者认为，顾客参与为企业带来了独特的资源和能力，有助于提升新产品开发绩效（Rowley et al.，2000）。例如，顾客提供的市场需求和样品反馈信息，有助于提高新产品开发效率（Carbonell et al.，2009；Fang，2008）。然而，基于边界理论（boundary theory），也有学者强调，随着跨组织边界交流的增多，企业的信息溢出风险增大，顾客可能会利用这些信息要求增加产品功能，降低产品报价，进而引发交易冲突，导致新产品开发受阻（马双等，2015）。与理论争议相一致，现有实证结果也呈现明显差异：存在正向（郭净等，2017；姚山季和王永贵，2011）、不显著（Henard & Szymanski，2001）、负向（Slot et al.，2020）甚至 U 形（Siahtiri，2017）等多种结果。那么，究竟顾客参与能否促进以及在何种情况下促进新产品开发绩效呢？

根据边界理论和资源基础观，本文认为，顾客参与对新产品开发绩效的影响可能是权变的。边界理论认为，在组织间边界从高度分割向高度整合过渡的过程中，合作企业的角色模糊或角色冲突问题将愈发凸显，使双方愈难就程序与角色分工达成共识（Reyt & Wiesenfeld，2015）。根据 Fang（2008）的观点，顾客参与可分为信息提供和共同开发两种形式：前者顾客仅为企业提供与新产品开发相关的信息，组织边界清晰；而后者涉及跨组织边界互动，组织边界较为模糊，容易引发角色模糊或角色冲突（Wang et al.，2020）。因此，顾客参与对新产品开发绩效的影响可能在这两种情形下呈现差异。

资源基础观认为，某种资源能否转化为企业的竞争优势在于该资源的价值、稀缺性和与组织的适配性（Barney，1995）。因此，顾客参与对新产品绩效的影响，可能会因为企业规模、行业类型以及所处的正式与非正式制度环境的不同而不同。首先，企业规模反映企业内部资源的丰富程度以及对外部资源的需要程度（Wiklund & Shepherd，2003；胡平等，2013）。其次，相较于非服务业，服务业的定制化水平较高，对隐性的顾客需求信息更加依赖。最后，正式制度（如市场交换与中介组织的发达程度）影响了外部信息与资源的可获取性（李梅和卢程，2019），而非正式制度（如文化）影响了企业的合作与关系维护导向（Cannon et al.，2010），进而影响其对顾客参与的认知与态度。

然而，目前尚未有学者对跨组织交易情境下顾客参与和新产品开发绩效之间的权变关系进行定量整合。为此，本文采用元分析的方法，探讨如下问题：（1）顾客参与如何影响新产品开发绩效？（2）不同类型的顾客参与对新产品开发绩效的影响有何差异？（3）顾客参与对新产品开发绩效的影响如何随企业规模、行业类型、国家制度水平与文化的不同而不同？本研究有三点理论贡献：第一，通过元分析，本文确认了顾客参与对新产品开发绩效的积极影响，回应了学术界对于顾客参与和新产品开发绩效关系的争议。第二，通过揭示信息提供者与共同开发者对新产品开发绩效的差异化影响，本文强调了区分顾客参与类型的重要性。第三，通过识别企业规模、行业类型、国家制度水平、集体主义文化的调节作用，本文明确了究竟在什么样的情境下，顾客参与对新产品开发绩效具有更强（或更弱）的促进作用。

2. 理论分析与研究假设

2.1　新产品开发

新产品开发是一项知识密集型活动，随着外部环境的不确定性增加以及技术迭代速度的加快，异质性知识的获取与吸收对企业新产品开发愈发重要（Lau & Lo，2015）。企业从不同的合作群体或交流渠道所获取的异质性知识，能为企业带来有关新产品概念、设计和销售上新颖的想法，并摆脱已有规则和程序对企业创新的束缚（Yao et al.，2013）。顾客作为重要的利益相关者，是企业获取异质性知识的重要来源之一。在跨组织交易中，组织顾客通过参与新产品开发可以获取更加直接的利益且其所拥有知识具有更强的专业性，因此，它们拥有比普通消费者更高的知识分享意愿和能力（Chang & Taylor，2016）。作为未来产品的使用者，顾客拥有有关新产品需求偏好、产品功能改进方向以及对样品的反馈意见等信息（汪涛和郭锐，2010），其中包括显性与隐性知识。对于显性知识，企业通常可以通过正式学习、逻辑推理和知识传递获得，如通过购买数据库或进行市场调研等方式获取（王天力，2013）。然而，隐性知识难以用语言表述且具有更强的行为导向，它嵌入在特定情境中，只有通过近距离的互动并观察、感知和解读才能获取（赵息和李文亮，2016）。正因如此，隐性知识只有当企业与顾客建立起较好的理解和信任后才能有效获取（王天力，2013）。隐性知识虽然不能直接进行编码和充分表达，但它是企业稀缺且难以模仿的资源（杨晓娜等，2018），是新产品开发中新创意产生的根源（Castiaux，2007）。鉴于顾客参与为企业获取顾客知识（尤其是隐性知识）提供了有利条件（张洁和蔡虹，2020），因此，顾客参与如何影响企业新产品开发绩效引起了学者们的广泛研究。

2.2　顾客参与与新产品开发绩效

基于资源基础观，顾客参与可视为一种外部资源，可用于解决单个企业在新产品开发中的资源短缺问题（吕冲冲等，2019）。从产品开发过程来看，通过顾客参与，企业可以更快速地获取市场需求信息，进而缩短新产品开发周期（Carbonell et al.，2009；Fang，2008），保证新产品开发效率。通过与顾客相互学习、交流对新产品的想法和创意以及整合互补性知识，企业可及时发现创新性元素（Sobrero & Roberts，2001），进而提高新产品的创新性（Fang，2008）和产品开发的效益（Chang & Taylor，2016）。从产品面市后的财务与市场绩效看，顾客通过参与市场测试等活动，可以就产品可用性和性能等问题及其定位和营销组合提供第一手反馈信息（Chang & Taylor，2016），帮助企业提升产品与市场需求的契合度（Henard & Szymanski，2001）。

然而，顾客参与也可能引致交易风险。学者指出，让组织边界外的顾客参与产品开发过程会使权力从企业转移至顾客（Wang et al.，2020），此时，顾客会利用自己的权力优势和所获取的信息最大化自己的利益（马双等，2015），这会导致冲突（Wang et al.，2020）和更高的成本（马双等，2015）。尽管如此，企业在面对上述困境时并非束手无策，它们能通过正式与非正式的控制机制对顾客参与进行管理：一方面，通过正式的协议明确双方的角色、义务和程序，缓解顾客在参与过程中与企业在目标和流程上的冲突（Li et al.，2010）；另一方面，通过非正式治理（如关系、规范）促进双方的协作，并借助企业惯例抑制机会主义行为，进而减少误解、摩擦与冲突（余维新等，2016）。根据 Vargo 和 Lusch（2004）的观点，顾客总是有意识和意愿与企业共同创造价值并建立长期良好的合作关系，因此，采取机会主义攫取利益是偶然行为。所以，本文认为，顾客参与的积极影响大于消极影响，综上，提出如下假设：

H1：顾客参与和新产品开发绩效成正相关关系。

2.3　顾客参与类型与新产品开发绩效

根据顾客参与新产品开发过程中角色的不同，顾客参与可划分为顾客作为信息提供者和作为共同开发者两种类型（Fang，2008），由于不同类型下顾客涉入企业的业务与管理活动的程度不同，它们对新产品开发绩效的影响也不同。

顾客作为信息提供者参与，将有助于提升新产品开发的效率和效益。来自顾客的需求信息可以帮助企业确定合适的产品属性及产品概念（Fang et al.，2008），降低任务模糊性和决策错误的可能性，使新产品更好地符合顾客期望（Wang et al.，2020）。同时，当作为信息提供者参与时，顾客时常通过面对面互动、小组讨论、会议和电子邮件等渠道来传达自身的偏好和需求，这种互动能增进双方的共识与信任（Lin & Huang，2012），为提高新产品开发的效率创造条件。顾客并不介入企业的新产品开发过程，也不直接干预其决策，因此，不容易引发冲突。

然而，顾客作为共同开发者参与可能是一把"双刃剑"。一方面，共同开发型参与有助于促进隐性知识的传递。Ganesan 等（2005）认为隐性知识能使企业不断更新核心能力进而使新产品开发获得成功，而隐性知识主要通过"做中学"或通过亲密的组织间关系来传播（王天力，2013）。Cavusgil 等（2003）指出，组织之间的共同合作在共享隐性知识方面起着重要作用。企业与顾客共同开发为双方创造了更多的互动、协作和共同解决问题的机会，增进了彼此的理解和信任，有利于双方共享隐性知识（Fang et al.，2008）。另一方面，共同开发型参与增加了顾客和企业之间组织边界的渗透，增大了产生交易冲突的可能性。虽然企业间正式协议对重大流程或分工进行了说明，但由于新产品开发是复杂、高风险的过程，有许多细节问题或突发状况需要企业与组织顾客在合作过程中逐渐磨合与解决，而这一过程中容易出现混乱和无序的场面（de Wit et al.，2012）。在共同开发型顾客参与中，顾客与企业在职责分工上有着更强的相互依赖性（task interdependence）。此时，由于管理风格与企业文化的差异，双方对开发流程、作业流程以及其中的技术与管理问题可能持有不同的理解，这加剧了冲突发生的可能性（Fang，2008）。此外，由于顾客在新产品开发过程中的权力增大，倾向于根据自身利益要求定制产品，这可能导致新产品与企业现有产品组合的不兼容，进而引发摩擦、不满甚至对抗（Wang et al.，2020），最终损害新产品开发绩效。共同开发型参与是否能促进新产品绩效取决于上述两种效应中哪一种效应占主导，因此，本文不提出具体的假设方向：

H2：顾客参与和新产品开发绩效的正相关关系，在信息提供型与共同开发型顾客参与中呈现差异。

2.4　调节效应

根据资源基础观，某种特定的资源是否能转化为企业的竞争优势，在于该资源的价值性、稀有性、难以模仿性和组织契合性（Barney，1995）。结合跨组织管理的相关文献，本文探讨以下四个情境变量对顾客参与和新产品开发绩效间关系的调节作用。

（1）企业规模。企业规模在一定意义上反映了企业内部资源的丰富程度以及其对外部资源的渴求程度（Wiklund & Shepherd，2003；胡平等，2013）。对于不同规模的企业而言，顾客参与作为一种外部资源，具有截然不同的价值。由于中小企业容易陷入信息、人才、设备等关键内部资源匮乏的窘境，更加需要利用顾客参与带来的资源来摆脱困境。此外，中小企业往往具有较高的创新导向（Katila & Shane，2005；Perry-Smith & Mannucci，2017），通过整合顾客所提供的产品需求或偏好信息，可以产生新的市场见解和观点（姚山季和王永贵，2011）。相反，大企业拥有更多的内部资源，往往具有较强的惰性（Chang & Taylor，2016），缺乏从顾客参与中挖掘创新性信息与资源的动力，因此，顾客参与带来的资源的价值因未被利用而降低。因此，本文提出如下假设：

H3：相较于大企业，顾客参与和新产品开发绩效的正相关关系在小企业中更强。

（2）行业类型。相比非服务业，在服务业中，顾客更加关注"顾客体验"，因此，顾客对与企业互动的评价在决定新服务开发成功上起着更关键的作用（马永开等，2020）。服务通常是顾客在场的情况下，在顾客选择的时间和地点，根据顾客意见提供的个性化的无形产品，因此，服务的结果取决于服务过程中各要素满足顾客期望的程度（Edvardson，1997）。因为高度个性化，所以顾客是企业获取创新活动所需要的关键知识的主要来源，准确获取顾客特定的需求信息对服务业而言更有价值，因此，顾客对基于交互的服务交付过程的反馈信息极为重要（Chang & Taylor，2016）。换言之，相较于非服务业，顾客参与带来的资源在服务业中更有价值。因此，本文提出如下假设：

H4：相比非服务业，顾客参与和新产品开发绩效的正相关关系在服务业中更强。

（3）国家制度水平。根据国家制度发展水平，国家经济体被分为新兴经济体和发达经济体两类。现有研究表明，企业战略的有效性在新兴经济体和发达经济体之间呈现显著差异（许强等，2018）。新兴经济体的制度环境尚不发达，缺乏完备的信息披露制度和完善的市场中介组织（李梅和卢程，2019），因此，相关的市场信息公开不及时。采用顾客参与的方式能利用顾客对市场的熟悉，弥补企业关于产品和市场信息的缺失，从而降低新产品开发的风险。相反，处于发达经济体的企业易于通过完善的市场制度获取市场信息，此时，顾客参与带来的信息的稀缺性降低，因此，顾客参与对新产品开发绩效的促进作用降低。

此外，新兴经济体的市场环境具有高度的不确定性（Luo，2003），这加剧了企业对外部资源的需求程度。在新兴经济体，法律与管制制度的转型以及市场化改革的推进（如私有化、开放外资等）加剧了市场不确定性与行业竞争（Yang & Meyer，2015），对企业的灵活性与适应性提出了更高的要求。然而，相较于发达经济体企业，新兴经济体企业发现和把握市场机会的能力较弱，许多企业尚未建立市场信息与情报搜集体系（杨勃和刘娟，2020），这增加了它们对外部市场信息来源的依赖。相反，发达经济体的企业往往深耕市场多年，大多已利用最先进的信息系统积累了很多关于其产品和市场的资源及知识（Hitt et al.，2000），这使顾客参与所带来的有关信息与资源变得冗余，降低了顾客参与的价值。因此，本文提出如下假设：

H5：相较于发达经济体，顾客参与和新产品开发绩效的正相关关系在新兴经济体中更强。

（4）集体主义文化。根据 Hofstede（1991）的经典文化划分维度，本文选取个人/集体主义这一维度作为区域文化差异的具体表现，因为个人/集体主义对企业的合作导向和关系导向具有显著影响（Cannon et al.，2010）。个人/集体主义反映了人们关心自己和个人目标或集体成员和集体目标的程度（李洪等，2019）：集体主义文化强调集体和团队意识并更加重视群体和谐；相反，个人主义文化重视独立、个人成就和竞争（Chen et al.，1998）。此前研究显示，集体主义文化有助于提升跨组织合作的效果，即顾客和企业都更强调集体目标，为双方的集体利益而合作（Iii，1995）。集体主义文化下，合作双方具有较高的目标一致性，倾向于彼此信任和分享关键信息以提升整体绩效（Cannon et al.，2010），因此，顾客参与具有较高的组织适配性，不太可能招致反抗、抵制与敌对（Caputo et al.，2019）。相反，由于个人主义文化鼓励竞争和利己主义，这种文化背景下的企业或者对顾客参与持较消极的态度，或倾向于利用顾客参与来扩大自身利益，甚至不惜以牺牲共同利益为代价（CA & Hao，2021），因而容易破坏双方的信任并引发冲突，进而阻碍新产品开发。因此，本文提出如下假设：

H6：相较于个人主义文化，顾客参与和新产品开发绩效的正相关关系在集体主义文化下更强。

图 1 概述了本文的研究框架。

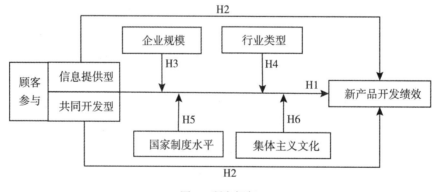

图 1 研究框架

3. 研究方法

本文采用元分析的方法对研究假设进行检验。通过分析大量的定量研究文献，元分析能得出更为客观的结论，提高统计效度。同时，元分析可以检验不同样本之间的结论是否存在异质性及其来源。

3.1 文献检索

本文的文献检索由三个阶段组成。首先，在 Web of Science、EBSCO 和中国知网等数据库，以"customer participation""customer involvement""customer co-creation""顾客参与""价值共创"，结合"new product performance""new service performance""新产品开发绩效""新服务开发绩效"以及"interorganizational""interfirm""B2B""跨组织""组织间"为关键词，进行文献检索。其次，专项检索国内外管理学领域重要学术会议（如 Academy of Management Annual Meeting）中关于顾客参与的会议论文。最后，检查所检索的论文及其他综述性论文的参考文献。由于跨组织交易中顾客参与的概念最早在 1998 年提出，检索时间跨度为 1998—2020 年，并将 2020 年 12 月 31 日作为最后检索日。

3.2 文献筛选

本研究确定了 5 项标准，对以上文献进行筛选：（1）剔除非实证研究文献；（2）剔除未包含相关系数、样本量等必要统计值的文献；（3）剔除非跨组织情境的文献；（4）剔除只包含顾客参与前置因素的文献；（5）对于研究样本、研究方法与数据处理相同的文献，只保留最先发表的一篇。根据以上标准，本文最终确定 37 篇样本文献，其中中文文献 4 篇，英文文献 33 篇。样本筛选结果见附录，各年份论文发表数量趋势见图 2。

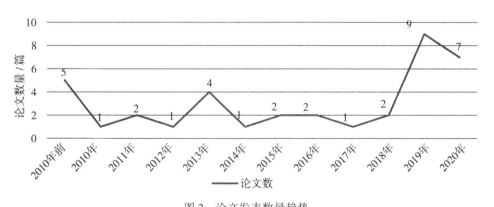

图 2 论文发表数量趋势

3.3 文献编码

为了保证编码的准确性，分别由三位营销学硕士研究生根据统一的编码标准进行单独编码，并形成编码表，如表 1 所示，每个变量的编码一致性高于 84%，表明编码者之间良好的一致性水平。对于不一致的编码，三位编码者通过回溯原文及积极探讨的方式，最终达成了一致。在提取效应值时，如果一篇文献涉及多个独立研究样本，则分别对每个独立研究样本进行编码。本文所采纳的 37 篇文献中有 1 篇包含两个独立的研究样本，因此，对其进行了两次编码。最终，本研究通过编码产生了 38 个效应值，样本总量为 8004。

表 1   元分析中变量的定义和编码标准

变量	定义	编码标准	编码者信度
自变量			
信息提供型	顾客作为信息提供者参与	顾客积极地从利益相关者或者市场上收集信息并向企业通报；顾客提供有关产品改进的信息等	88.8%
共同开发型	顾客作为共同开发者参与	顾客与企业共同评估和改进新产品；共同分担新产品开发工作的责任；共同解决问题	
因变量			
新产品开发绩效	新产品开发的效率和效益	包括新产品的创新性、上市速度以及所产生的销售额、利润和顾客资产（如顾客满意、顾客忠诚）	
调节变量			
企业规模	各样本中企业的平均规模	借鉴 Chang 和 Taylor（2016）的做法，将员工数大于等于 500 的企业视为大企业（编码为 1），其余视为中小企业（编码为 0）。对于由不同规模的企业组成的样本，基于企业规模的频率分布，根据各组的中间值乘以频率的方式确定企业的规模	100%
行业类型	顾客参与发生在服务业还是非服务业	将服务业编码为 1，非服务业编码为 0	84.3%
国家制度水平	顾客参与发生在发达经济体还是新兴经济体	根据 2020 年国际货币基金组织发布的《世界经济展望》，将发达经济体编码为 1，新兴经济体编码为 0	100%
集体主义文化	顾客参与发生在集体主义倾向还是个人主义倾向的文化背景下	根据 Hofstede Insights 的数据，对个人主义评分低于 50 分（中间值）的国家编码为 1（集体主义），对个人主义评分高于 50 分的国家编码为 0（个人主义）	100%

3.4   效应值转换

本文采用皮尔森相关系数 r 值作为效应值。当 r 值较大时，会出现非正态抽样分布，因此，在合并效应值之前，将 r 值通过费雪转换得到 Fisher's Z 值，即：

$$\text{Fisher's } Z = 0.5 \times \left[\ln(1 + r) - \ln(1 - r) \right] \tag{1}$$

进而求出 Fisher's Z 的方差，即：

$$V_{\text{Fisher's } Z} = \frac{1}{N-3} \tag{2}$$

其中，N 代表总样本量。

通过方差的倒数对这些系数进行加权，以便插入样本量权重来进行更精确和可信的统计。

最后，将加权系数的总和除以权重的总和并将其从 Fisher's Z 转换回 r 值。

4. 研究结果

4.1 发表偏倚与异质性检验

（1）发表偏倚检验。本文采用漏斗图法、Begg 检验、Egger 检验和失安全系数法对发表偏倚进行检验。由图 3 可知，大部分样本集中于漏斗图上部且无明显的不对称性。由表 2 可知，Begg 检验 p 值为 0.40，Egger 检验 p 值为 0.52，均大于 0.05，且失安全系数 N 为 7152，远大于 200（即 5K+10）的临界值（Rothstein，2006），说明本文不存在明显的发表偏倚。

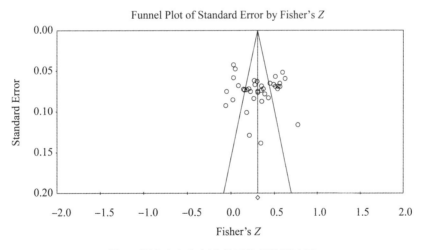

图 3　顾客参与与新产品开发绩效漏斗图

表 2　　　　　　　　　　　　　　　　　顾客参与与新产品开发绩效发表偏倚检验

变量关系	K	Begg 检验 p 值	Egger 检验 p 值	失安全系数 N
顾客参与与新产品开发绩效	38	0.40	0.52	7152
信息提供型参与与新产品开发绩效	12	0.27	0.71	1205
共同开发型参与与新产品开发绩效	24	0.65	0.14	2264

（2）异质性检验。异质性检验是分析现有研究结果是否存在明显差异的关键步骤，当现有结果存在明显差异时，则有必要寻找差异来源。异质性检验的重要指标是 Q 值和 I^2 值，当 Q 大于 $K-1$ 且 I^2 大于 0.6 时，异质性检验结果显著（Glass et al.，1983）。表 3 是顾客参与和新产品开发绩效之间的关系异质性检验结果。由表 3 可知，Q 值为 337.997，远超过 37，表明研究样本具有高度异质性。此外，I^2 为 89.053%，大于 0.6，表明研究样本中所有效应值的真实差异导致了 89.053% 的观察方差，说明不同研究间差异显著，有必要开展进一步的检验。

表 3　　　　　　　　　　　　　　　　效应值同质性检验结果

模型	K	N	同质性检验（Q 统计）				Tau-squared			
			Q 值	df	p 值	I^2	T^2	SE	方差	Tau
随机效应	38	8004	337.997	37	0.000***	89.053	0.039	0.011	0.000	0.199

注：K 代表研究样本个数，N 代表总样本量。* 代表 $p < 0.1$，** 代表 $p < 0.05$，*** 代表 $p < 0.01$。

4.2　假设检验

为了检验 H1 与 H2，我们进行了随机效应检验。检验结果显示，顾客参与和新产品开发绩效整体上呈正相关关系（$r = 0.303$，$p = 0.000$），即假设 H1 得到支持。

同时，顾客参与和新产品开发绩效的平均效应值在信息提供型（$r = 0.359$，$p = 0.000$）与共同开发型（$r = 0.255$，$p = 0.000$）两个子样本集中呈现显著差异（$p = 0.000$），且前者高于后者，说明信息提供型顾客参与对新产品开发绩效的提升作用显著好于共同开发型顾客参与。研究结果支持假设 H2，说明顾客参与对新产品开发绩效的影响会因为参与类型的不同而不同。

表 4　　　　　　　　顾客参与及其各类型与新产品开发绩效关系检验结果

	K	N	效应值及 95% 置信区间			双尾检验		同质性检验（Q 统计）		
			点估计	下限	上限	Z 值	p 值	Q（组间）	df	p 值
全样本	38	8004	0.303	0.241	0.363	9.078	0.000***	/		
信息提供型	12	2837	0.359	0.326	0.390	19.864	0.000	23.797	1	0.000***
共同开发型	24	5175	0.255	0.229	0.280	18.617	0.000			

注：K 代表研究样本个数，N 代表总样本量。* 代表 $p < 0.1$，** 代表 $p < 0.05$，*** 代表 $p < 0.01$。

对企业规模、行业类型、国家制度水平和集体主义倾向的调节效应的检验结果如表 5 所示。由结果可知，首先，大企业的效应值（$r = 0.282$）小于中小企业的效应值（$r = 0.389$）且存在显著差异（$p = 0.000$），假设 H3 得到支持。其次，相比于非服务业企业的效应值（$r = 0.277$），服务业企业的效应值（$r = 0.398$）较大且存在显著差异（$p = 0.000$），假设 H4 得到支持。再次，来自新兴经济体企业的效应值（$r = 0.387$）大于来自发达经济体企业的效应值（$r = 0.228$）且存在显著差异（$p = 0.000$），假设 H5 得到支持。最后，相比于个人主义文化背景下企业的效应值（$r = 0.201$），集体主义文化背景下企业的效应值（$r = 0.403$）较大且存在显著差异（$p = 0.000$），假设 H6 得到支持。

表5　　　　　　　　　　　顾客参与和新产品开发绩效关系的调节效应检验结果

调节变量	分类	K	N	同质性检验（Q 统计）			效应值及 95% 的置信区间			双尾检验	
				Q（组间）	df	p 值	点估计	下限	上限	Z 值	p 值
企业规模（H3）	大企业	11	2035	13.670	1	0.000***	0.282	0.241	0.321	13.715	0.000
	中小企业	8	1768				0.389	0.348	0.428	20.521	0.000
行业类型（H4）	服务业	7	1341	18.712	1	0.000***	0.398	0.352	0.443	15.315	0.000
	非服务业	21	4055				0.277	0.248	0.305	17.956	0.000
国家制度水平（H5）	新兴经济体	18	3969	54.258	1	0.000***	0.387	0.360	0.413	25.556	0.000
	发达经济体	13	3153				0.228	0.194	0.261	12.922	0.000
集体主义倾向（H6）	集体主义	20	4468	70.523	1	0.000***	0.403	0.378	0.427	28.365	0.000
	个人主义	10	2097				0.201	0.159	0.242	9.245	0.000

注：K 代表研究样本个数，N 代表总样本量。* 代表 $p < 0.1$，** 代表 $p < 0.05$，*** 代表 $p < 0.01$。

5. 启示

5.1　研究结论

顾客作为一种重要的外部资源，对企业进行新产品开发和建立竞争优势有着不可忽视的重要作用，但现有研究对顾客参与和新产品开发绩效之间的关系缺乏统一认识。本文采用元分析的研究方法，对 1998—2020 年国内外关于跨组织交易情境下顾客参与和新产品开发绩效关系的 37 篇文献 8004 个样本量进行了再统计分析，确认了顾客参与对新产品开发绩效的积极作用；同时揭示了不同类型的顾客参与对新产品开发绩效的不同影响，以及企业规模、行业类型、国家制度水平和集体主义文化的调节作用。研究结果表明，信息提供型顾客参与对新产品开发绩效的促进作用强于共同开发型顾客参与，且顾客参与的促进作用在中小型企业、服务行业、新兴经济体国家和集体主义文化中更加显著。

5.2　理论贡献

首先，本研究通过确认顾客参与对新产品开发绩效的正向作用，调和了有关两者间关系的争议。

尽管现有研究就顾客参与如何影响新产品开发绩效进行了广泛的讨论，但其结果在理论和实证方面都存在明显争议。本研究通过采用元分析的方法对此前实证研究结果进行定量整合，明确了顾客参与对新产品开发绩效的积极影响。此外，本研究佐证了 Chang 和 Taylor（2016）的研究，发现尽管顾企双方作为不同利益追求的主体，在顾客参与过程中可能会引发角色模糊、角色冲突等风险，但由于合作双方的目标一致性以及正式与非正式治理机制的存在，其积极影响大于负面影响。因此，从整体来看，顾客参与仍是提升新产品开发绩效的有效工具。

其次，本研究揭示了不同类型的顾客参与对新产品开发绩效的不同影响。不同于 Chang 和 Taylor（2016）的研究，本研究发现顾客参与对新产品开发绩效的影响不仅会因为参与阶段的不同而不同，还会因为参与程度的不同而有所差异。此外，区别于 Fang（2008）的研究结论，即共同开发对新产品创新性有负面影响，我们发现其对新产品开发的整体绩效有促进作用，但其影响小于信息提供者，这暗示了在不同程度的顾客参与下，企业面临不同的威胁与挑战：共同开发型顾客参与由于组织边界模糊，面临更强的机会主义和由协调失灵引发的冲突问题。这启示后续研究应更多地关注共同开发型参与对新产品开发绩效的影响，进一步挖掘究竟在哪些交易情境下，其负效应会增强，以及企业可采用哪些响应策略来消弭其负面影响。

最后，本研究识别了四个情境变量（企业规模、行业类型、国家制度水平、集体主义文化），用以调和现有研究关于顾客参与和新产品开发绩效间关系的争议。本研究发现，顾客参与在中小企业、服务业、新兴经济体、集体主义文化中具有更强的促进作用，这丰富了我们关于顾客参与对新产品开发绩效的促进作用边界条件的认知。同时，本研究首次揭示了国家文化对顾客参与和新产品开发绩效间关系的调节作用，说明国家文化会通过影响企业的观念，进而影响其对顾客参与的认知与态度，导致顾客参与的效果发生改变。此外，本研究的结论也印证了资源基础观的观点，说明当外部资源具有较强的稀缺性、价值性，同时与企业所处的正式与非正式环境适配时，企业寻求外部顾客参与才能更好地提升新产品开发绩效，这一发现为资源基础观的应用提供了更多的现实场景。

5.3 实践贡献

本文的研究结论也具有重要的实践意义。首先，顾客参与可以有力地提升新产品开发绩效。管理者要认识到顾客不仅仅是企业服务的对象，更是一种重要的外部资源。企业应积极营造顾客参与的环境，将顾客的智力资本转化为企业内部资源用于支持新产品开发，从而在激烈的市场竞争中建立竞争优势。

其次，虽然顾客参与具有重要战略意义，但让客户参与新产品开发是一个复杂的过程，企业需要意识到不同类型的顾客参与会带来不同的影响。相比顾客仅作为信息提供者，顾客作为共同开发者参与新产品开发的效果较差，这可能是因为更加深入的参与容易引发角色模糊、角色冲突等不良后果。因此，企业应采取额外的预防措施，如明确参与双方的责权利以避免新产品开发过程中的权力转移。

最后，企业应该结合自身的内外部环境采取有针对性的战略，充分发挥企业优势。对于中小企业而言，它们应认识到由于其自身资源的约束，顾客参与是很重要的外部资源，所以，应更加积极地寻求顾客参与。相比制造业，服务业的管理者也应更加积极地鼓励顾客参与，因为服务业的新产品开发涉及更多的隐性知识，必须通过近距离交流获取。此外，新兴经济体的管理者要意识到，由于本国市场中介组织与信息披露体制不完善且市场环境动荡多变，所以，通过顾客参与获取信息是一种更加有效的方式。根据本研究结果，集体主义文化鼓励合作与参与、为顾客参与效果的发挥提供了非正式制度保障，但个人主义文化则不然。因此，来自个人主义文化的管理者应扭转他们的观念与认知，积极接纳并鼓励顾客参与新产品开发。

5.4　研究局限及未来研究方向

本文也存在若干局限。首先，本文将顾客参与划分为信息提供和共同开发两类，未来研究可以采用其他划分方式，进一步挖掘不同类型的顾客参与对新产品开发绩效的差异化影响。其次，本文将新产品绩效视为单一维度变量，未来研究可进一步区分新产品开发绩效的维度（如财务与非财务绩效、运营与市场绩效），探讨顾客参与对不同维度的绩效是否具有差异化影响。最后，在调节效应的分析中，本文仅考虑了企业规模、行业类型、国家制度水平和集体主义倾向的作用，未考虑关系层面（如关系持续性、相互依赖、企业文化一致性）因素的影响，未来研究可对此做进一步的探讨。

◎ **参考文献**

[1] 付彩，姚山季. 顾客参与和企业创新绩效的关系：一项元分析的检验 [J]. 商业经济研究，2019（24）.

[2] 郭净，陈永昶，关凯瀛. B2B 情境下顾客参与对新产品绩效的影响——知识整合机制的中介作用 [J]. 科技进步与对策，2017，34（8）.

[3] 胡平，温春龙，潘迪波. 外部网络、内部资源与企业竞争力关系研究 [J]. 科研管理，2013（4）.

[4] 李洪，叶广宇，赵文丽. 距离产生美：跨国并购中个人/集体主义价值观差异的不对称效应 [J]. 南开管理评论，2019（6）.

[5] 李梅，卢程. 研发国际化与企业创新绩效——基于制度距离的调节作用 [J]. 经济管理，2019，41（1）.

[6] 吕冲冲，杨建君，张峰. 不同理论视角下组织间合作创新的对比分析 [J]. 西安交通大学学报（社会科学版），2019，39（2）.

[7] 马双，王永贵，赵宏文. 组织顾客参与的双刃剑效果及治理机制研究——基于服务主导逻辑和交易成本理论的实证分析 [J]. 外国经济与管理，2015，37（7）.

[8] 马永开，李仕明，潘景铭. 工业互联网之价值共创模式 [J]. 管理世界，2020，36（8）.

[9] 汪涛，郭锐. 顾客参与对新产品开发作用机理研究 [J]. 科学学研究，2010，28（9）.

[10] 王天力. 隐性知识获取、吸收能力与新创企业创新绩效关系研究 [D]. 吉林大学，2013.

[11] 许强，杨静，张力维. 近十年企业多元化战略研究述评和展望 [J]. 浙江工业大学学报（社会科学版），2018，17（1）.

[12] 杨勃，刘娟. 来源国劣势：新兴经济体跨国企业国际化 "出身劣势" ——文献评述与整合框架构建 [J]. 外国经济与管理，2020，42（1）.

[13] 杨晓娜，彭灿，李瑞雪. 开放式创新对企业突破性创新能力的影响——隐性知识获取的中介作用 [J]. 科技进步与对策，2018，35（19）.

[14] 姚山季，王永贵. 顾客参与新产品开发对企业技术创新绩效的影响机制——基于 B-B 情境下的实证研究 [J]. 科学学与科学技术管理，2011，32（5）.

[15] 余维新，顾新，王涛. 企业创新网络机会主义行为及非正式治理机制 [J]. 经济体制改革，2016（6）.

[16] 张洁，蔡虹. 虚拟社区中顾客参与对新产品开发绩效的影响——虚拟社会资本的调节作用 [J]. 科技进步与对策，2020，37（7）.

[17] 赵息，李文亮. 知识特征与突破性创新的关系研究——基于企业社会资本异质性的调节作用 [J]. 科学学研究，2016，34（1）.

[18] Barney, J. B. Looking inside for competitive advantage [J]. Academy of Management Perspectives, 1995, 9（4）.

[19] CA S. X., Hao, A. Understanding the impact of national culture on firms' benefit-seeking behaviors in international B2B relationships: A conceptual model and research propositions [J]. Journal of Business Research, 2021（1）.

[20] Cannon, J. P. A., Doney, P. M. B., Mullen, M. R. B., et al. Building long-term orientation in buyer-supplier relationships: The moderating role of culture [J]. Journal of Operations Management, 2010（6）.

[21] Caputo, A., Ayoko, O. B., Amoo, N., et al. The relationship between cultural values, cultural intelligence and negotiation styles [J]. Journal of Business Research, 2019（C）.

[22] Carbonell, P., Rodríguez Escudero, A. I., Pujari, D. Customer involvement in new service development: An examination of antecedents and outcomes [J]. Journal of Product Innovation Management, 2009, 26（5）.

[23] Castiaux, A. Radical innovation in established organizations: Being a knowledge predator [J]. Journal of Engineering and Technology Management, 2007, 24（1-2）.

[24] Cavusgil, S. T., Calantone, R., Zhao, Y. Tacit knowledge transfer and firm innovation capability [J]. Journal of Business and Industrial Marketing, 2003（1）.

[25] Chang, W., Taylor, S. A. The effectiveness of customer participation in new product development: A meta-analysis [J]. Journal of Marketing, 2016, 80（1）.

[26] Chen, C. C., Chen, X., Meindl, J. R. How can cooperation be fostered? The cultural effects of individualism-collectivism [J]. Academy of Management Review, 1998, 23（2）.

[27] de Wit, F. R. C., Greer, L. L., Jehn, K. A. The paradox of intragroup conflict: A meta-analysis [J]. Journal of Applied Psychology, 2012（2）.

[28] Edvardson, B. Quality in new service development: Key concepts and a frame of reference [J].

International Journal of Production Economics，1997（1）.

［29］Fang，E. Customer participation and the trade-off between new product innovativeness and speed to Market［J］. Journal of Marketing，2008，72（4）.

［30］Fang，E. ，Palmatier，R. W. ，Evans，K. R. Influence of customer participation on creating and sharing of new product value［J］. Journal of the Academy of Marketing Science，2008，36（3）.

［31］Ganesan，S. ，Malter，A. J. ，Rindfleisch，A. Does distance still matter? Geographic proximity and new product development［J］. Journal of Marketing，2005，69（4）.

［32］Glass，G. V. ，Mcgaw，B. ，Esmith，M. L. Meta-analysis in social research［J］. Exceptional Education Quarterly，1983，4（3）.

［33］Henard，D. H. ，Szymanski，D. M. Why some new products are more successful than others［J］. Journal of Marketing Research，2001（3）.

［34］Hitt，M. A. ，Dacin，M. T. ，Levitas，E. ，et al. Partner selection in emerging and developed market contexts：Resource-based and organizational learning perspectives［J］. Academy of Management Journal，2000，43（3）.

［35］Hofstede，G. Cultures and organizations［M］. McGraw-Hill International Limited. ，1991.

［36］Iii，J. Studies of individualism-collectivism：Effects on cooperation in groups［J］. Academy of Management Journal，1995，38（1）.

［37］Katila，R. ，Shane，S. When does lack of resources make new firms innovative?［J］. Academy of Management Journal，2005，48（5）.

［38］Lau，A. L. A. K. ，Lo，W. L. W. Regional innovation system，absorptive capacity and innovation performance：An empirical study［J］. Technological Forecasting and Social Change，2015（3）.

［39］Li，J. J. ，Poppo，L. ，Zhou，K. Z. Relational mechanisms，formal contracts，and local knowledge acquisition by international subsidiaries［J］. Strategic Management Journal，2010，31（4）.

［40］Lin，M. J. ，Huang，C. The impact of customer participation on NPD performance：The mediating role of inter-organisation relationship［J］. The Journal of Business & Industrial Marketing，2012，28（1）.

［41］Luo，Y. D. Industrial dynamics and managerial networking in an emerging Market：The case of China［J］. Strategic Management Journal，2003，24（13）.

［42］Perry-Smith，J. E. ，Mannucci，P. V. From creativity to innovation：The social network drivers of the four phases of the idea journey［J］. Academy of Management Review，2017，42（1）.

［43］Reyt，J. R. J. ，Wiesenfeld，B. W. B. M. Seeing the forest for the trees：Exploratory learning，mobile technology，and knowledge workers' role integration behaviors［J］. Academy of Management Journal，2015（3）.

［44］Rothstein，H. Publication bias in meta-analysis：Prevention，assessment and adjustments［M］. John Wiley & Sons，Limited；Ebsco Publishing，2006.

［45］Rowley，T. ，Behrens，D. ，Krackhardt，D. Redundant governance structures：An analysis of structural and relational embeddedness in the steel and semiconductor industries [J]. Strategic Management Journal, 2000, 21 (3).

[46] Siahtiri, V. Does cooperating with customers support the financial performance of business-to-business professional service firms? [J]. Journal of Service Theory and Practice, 2017, 27 (3).

[47] Slot, J. H., Wuyts, S., Geyskens, I. Buyer participation in outsourced new product development projects: The role of relationship multiplexity [J]. Journal of Operations Management, 2020, 66 (5).

[48] Sobrero, M., Roberts, E. B. The trade-off between efficiency and learning in interorganizational relationships for product development [J]. Management Science, 2001, 47 (4).

[49] Vargo, S. L., Lusch, R. F. Evolving to a new dominant logic for Marketing [J]. Journal of Marketing, 2004, 68 (1).

[50] Wang, L., Jin, J. L., Zhou, K. Z., et al. Does customer participation hurt new product development performance? Customer role, product newness, and conflict [J]. Journal of Business Research, 2020, 109.

[51] Wiklund, J., Shepherd, D. Knowledge-based resources, entrepreneurial orientation, and the performance of small and medium-sized businesses [J]. Strategic Management Journal, 2003, 24 (13).

[52] Yang, W., Meyer, K. E. Competitive dynamics in an emerging economy: Competitive pressures, resources, and the speed of action [J]. Journal of Business Research, 2015, 68 (6).

[53] Yao, Z., Yang, Z., Fisher, G. J., et al. Knowledge complementarity, knowledge absorption effectiveness, and new product performance: The exploration of international joint ventures in China [J]. International Business Review, 2013, 22 (1).

Customer Participation and New Product Development Performance: A Meta-analysis in Inter-organizational Exchange

Shen Lu[1,2]   Jiang Sihan[3,4]   Li Shuiting[5]

(1, 3   Collaborative Innovation Center for Transport Studies, Dalian Maritime University, Dalian, 116026;

2, 4, 5   School of Maritime Economics and Management, Dalian Maritime University, Dalian, 116026)

Abstract: Scholars from the field of interorganizational relationship management have different opinions on whether customer participation inhibits or promotes new product development. To reconcile the debate, this research performed a meta-analysis, and based upon the resource-based view and the bounded theory, it also examines the moderating effects of the type customer participation, enterprise scale, industry type, national institutional development, and culture of collectivism. By analyzing 38 effect sizes collected from 37 studies, this research finds that customer participation has a positive impact on new product development performance, regardless of whether customers act as information providers or co-developers, but the impact diminishes when customers act as co-developers. In addition, the impact of customer participation on new product development performance becomes stronger in small and medium-sized enterprises, in service industry, in emerging economies, and under collectivism cultures. Our research provides useful guidance for managers on when and how to use customer participate to facilitate new product development performance.

Key words：Customer participation；New product development performance；Interorganizational exchange；Meta-analysis

◎ 附录

元分析中的研究列表

［1］Athaide Gerard-A, Stump Rodney-L, Joshi Ashwin-W. Understanding new product co-development relationships in technology-based, industrial markets ［J］. Journal of Marketing Theory and Practice, 2003, 11 （3）.

［2］Bonner, J. M. Customer interactivity and new product performance：Moderating effects of product newness and product embeddedness ［J］. Industrial Marketing Management, 2010, 39 （3）.

［3］Callahan John, Lasry Eytan. The importance of customer input in the development of very new products ［J］. R&D Management, 2004, 34 （2）.

［4］Chang, Y., Wang, X., Arnett, D. B. Enhancing firm performance：The role of brand orientation in business-to-business marketing ［J］. Industrial Marketing Management, 2018, 72.

［5］Fang, E., Palmatier, R. W., Evans, K. R. Influence of customer participation on creating and sharing of new product value ［J］. Journal of the Academy of Marketing Science, 2008, 36 （3）.

［6］Gopalakrishna, S., Malthouse, E. C., Lawrence, J. M. Managing customer engagement at trade shows ［J］. Industrial Marketing Management, 2019, 81.

［7］Heirati, N., Siahtiri, V. Driving service innovativeness via collaboration with customers and suppliers：Evidence from business-to-business services ［J］. Industrial Marketing Management, 2019, 78.

［8］Knudsen Mette-Praest. The relative importance of interfirm relationships and knowledge transfer for new product development success ［J］. Journal of Product Innovation Management, 2007, 24 （2）.

［9］Li Yi, Li Gang, Zhang Ying, et al. Can firm innovativeness affect performance? The role of external involvement ［J］. International Journal of Market Research, 2021, 63 （4）.

［10］Lin, C., Chen, H. Deconstructing B2B, co-creation and service deployment in East Asia：Evidence from Taiwan and PRC manufacturers ［J］. Asia Pacific Business Review, 2018, 24 （3）.

［11］Lin, M. J., Huang C. The impact of customer participation on NPD performance：The mediating role of inter-organisation relationship ［J］. The Journal of Business & Industrial Marketing, 2012, 28 （1）.

［12］Lin, M. J., Tu, Y., Chen, D., et al. Customer participation and new product development outcomes: The moderating role of product innovativeness [J]. Journal of Management & Organization, 2013, 19 (3).

[13] Morgan, T., Anokhin, S. A., Wincent, J. New service development by manufacturing firms: Effects of customer participation under environmental contingencies [J]. Journal of Business Research, 2019, 104.

[14] Morgan, T., Anokhin, S. A., Wincent, J. Influence of market orientation on performance: The moderating roles of customer participation breadth and depth in new product development [J]. Industry and Innovation, 2019, 26 (9).

[15] Najafi-Tavani, Z., Mousavi, S., Zaefarian, G., et al. Relationship learning and international customer involvement in new product design: The moderating roles of customer dependence and cultural distance [J]. Journal of Business Research, 2020, 120.

[16] Powers, T. L., Sheng, S., Li, J. J. Provider and relational determinants of customer solution performance [J]. Industrial Marketing Management, 2016, 56.

[17] Ruiz-Alba, J. L., Soares, A., Rodríguez-Molina, M. A., et al. Servitization strategies from customers' perspective: The moderating role of co-creation [J]. The Journal of Business & Industrial Marketing, 2019, 34 (3).

[18] Sales-Vivó, V., Gil-Saura, I., Gallarza, M. Modelling value co-creation in triadic B2B industrial relationships [J]. Marketing Intelligence & Planning, 2020, 38 (7).

[19] Slot, J. H., Wuyts, S., Geyskens, I. Buyer participation in outsourced new product development projects: The role of relationship multiplexity [J]. Journal of Operations Management, 2020, 66 (5).

[20] Smets, Lydie-PM, Langerak Fred, Rijsdijk Serge-A. Shouldn't customers control customized product development? [J]. Journal of Product Innovation Management, 2013, 30 (6).

[21] Souder William-E, Sherman J-Daniel, Davies Cooper Rachel. Environmental uncertainty, organizational integration, and new product development effectiveness: A test of contingency theory [J]. Journal of Product Innovation Management, 1998, 15 (6).

[22] Stock Ruth-Maria. How should customers be integrated for effective interorganizational NPD teams? An input-process-output perspective [J]. Journal of Product Innovation Management, 2014, 31 (3).

[23] Stock Ruth-Maria, Zacharias Nicolas-A. Two sides of the same coin: How do different dimensions of product program innovativeness affect customer loyalty? [J]. Journal of Product Innovation Management, 2013, 30 (3).

[24] Wang, L., Jin, J. L., Zhou, K. Z. Institutional forces and customer participation in new product development: A yin-yang perspective [J]. Industrial Marketing Management, 2019, 82.

[25] Wang, L., Jin, J. L., Zhou, K. Z., et al. Does customer participation hurt new product development performance? Customer role, product newness, and conflict [J]. Journal of Business Research, 2020, 109.

[26] Wang, X., Yu, X. The contradictory effects of customer participation breadth and depth on customer-

perceived value［J］. Journal of Business & Industrial Marketing，2019，34（8）.

［27］Wang，X. ，Zhao，Y. ，Hou，L. . How does green innovation affect supplier-customer relationships? A study on customer and relationship contingencies［J］. Industrial Marketing Management，2020，90.

［28］Wang，Y. ，Hsiao，S. ，Yang，Z. ，et al. The impact of sellers' social influence on the co-creation of innovation with customers and brand awareness in online communities［J］. Industrial Marketing Management，2016，54.

［29］Wang，Y. ，Wu，J. ，Yang，Z. Customer participation and project performance：The mediating role of knowledge sharing in the Chinese telecommunication service industry［J］. Journal of Business-to-business Marketing，2013，20（4）.

［30］Woo，H. ，Kim，K. H. ，Kim，S. J. ，et al. Service innovations' roles in long-term relationships with business customers［J］. Journal of Global Scholars of Marketing Science，2019，29（4）.

［31］Zhang，H. ，Xiao，Y. Customer Involvement in big data analytics and its impact on B2B innovation ［J］. Industrial Marketing Management，2020，86.

［32］Zhang，J. ，Jiang，Y. ，Shabbir，R. ，et al. Building industrial brand equity by leveraging firm capabilities and co-creating value with customers［J］. Industrial Marketing Management，2015，51.

［33］Zhang，J. ，Zhu，M. When can B2B firms improve product innovation capability（PIC）through customer participation（CP）? The moderating role of inter-organizational relationships?　［J］. The Journal of Business & Industrial Marketing，2019，34（1）.

［34］郭净，陈永昶，关凯瀛. B2B情境下顾客参与对新产品绩效的影响——知识整合机制的中介作用［J］. 科技进步与对策，2017，34（8）.

［35］马双，王永贵，赵宏文. 组织顾客参与的双刃剑效果及治理机制研究——基于服务主导逻辑和交易成本理论的实证分析［J］. 外国经济与管理，2015，37（7）.

［36］姚山季，王永贵. 顾客参与新产品开发的绩效影响：产品创新类型的调节效应［J］. 商业经济与管理，2011（5）.

［37］姚山季，王永贵. 顾客参与新产品开发对企业技术创新绩效的影响机制——基于B-B情境下的实证研究［J］. 科学学与科学技术管理，2011，32（5）.

专业主编：寿志钢

珞珈 管理评论

2022 年卷第 1 辑 (总第 40 辑)

Luojia Management Review

No. 1, 2022 (Sum. 40)

政府官员可以像网红一样直播吗?

——公益直播代言人身份、语言风格对消费者购买意愿的影响

● 吴 思[1] 王慧琪[2] 龙 菲[3] 郭瑞静[4]

(1, 2, 3, 4 武汉大学经济与管理学院 武汉 430072)

【摘 要】公益直播是移动互联网时代的一种新现象。政府官员作为一种特殊的代言人,其身份和语言风格如何影响消费者的心理感知和购买意愿,已有的研究关注较少。本文通过实证研究发现,官员采用标准语言和网红采用网络语言对消费者的购买意愿有积极影响,感知匹配性起到中介作用;消费者权力距离信念具有调节作用,对于高权力距离者,上述影响依然显著;但对于低权力距离者,官员采用标准语言或网络语言对消费者的感知匹配性和购买意愿的影响并无明显差异,网红采用网络语言对消费者的感知匹配性和购买意愿的影响依然更积极。

【关键词】公益直播 政府官员 感知匹配性 权力距离

中图分类号: F276.6 文献标识码:A

1. 引言

移动互联网时代,公益直播带货成为一种深受消费者欢迎的在线促销模式。为了推销各地的农副产品或旅游产品,许多基层政府官员也加入了直播带货的行列。据报道,2020 年 2 月,山东近 10 个县的干部先后试水直播带货,代言的紫薯、扒鸡、鸡蛋等产品销售业绩斐然,让不少专业主播羡慕不已①。云南省红河州的一位县级领导,3 小时直播吸引了近 70 万人观看,带动梯田红米销量超过 10 万斤②,在国内掀起了一股"官员直播带货"热。直播过程中,有些政府官员为了拉近和网友的距离,一改往日的严肃形象,模仿一些网红,用网络语言与粉丝互动,如称粉丝为"老铁"等;

---

① 山东多地党政干部直播带货,要抢李佳琦饭碗?[EB/OL]. https://baijiahao.baidu.com/s? id = 1672186178177000556&wfr=spider&for=pc, 2021-1-5.

② 领导干部直播"带货",能带出新增长点吗?[EB/OL]. https://baijiahao.baidu.com/s? id = 1666569843153969455&wfr=spider&for=pc, 2021-1-5.

通讯作者:龙菲,E-mail:longfeiwhu@163.com。

但也有些官员依旧采用较为正式、规范的方式介绍产品。已有的对直播带货效果的研究多是围绕网红、"大 V"的特性以及直播方式展开（孟陆等，2020；吴娜等，2020），少有研究关注到政府官员参与直播时，其背景身份和直播方式对消费者的心理和购买意愿产生了怎样的影响。

本文从感知匹配性的视角出发，采用比较研究的形式，探索消费者对不同类型的代言人（官员和网红）采用不同的语言风格（标准语言和网络语言）的心理感知以及其对购买意愿的影响，揭示消费者权力距离属性对感知匹配性的内在影响机制。本研究不仅丰富了代言人类型及其语言风格对消费者心理影响机制的理论内涵，而且对指导规范政府官员开展公益直播具有重要的现实意义。

2. 文献综述

2.1 网络直播购物对消费行为的影响

在传统的电商购物情形下，平台只能为用户提供关于商品图片、文字、视频等信息的单向展示，而网络直播购物的出现将已有的单向信息传递转变为双向信息交互。前人主要从以下方面考察了网络直播对购买意愿的影响：一是主播本身的特质，比如主播的可信性、专业性、吸引力技能可以提升消费者对网红直播产品的关注度和购买意愿（孟陆等，2020；Ma & Mei，2018），粉丝数量（Jin & Phua，2014）、主播声誉对消费者参与意愿有正向影响（崔登峰和袁振朋，2021），主播与直播内容、直播产品的匹配性对消费者购买意愿有正向影响；二是直播特质，包括主播沟通风格相似性（吴娜等，2020）、主播互动强度与互动质量之间存在倒 U 形关系（Kang et al.，2021），直播场景氛围对用户冲动消费产生正向影响（龚潇潇等，2019）等。

综合来看，主播的个人特质是目前学者们讨论的热点，与传统电商购物相比，直播购物的最大特征在于主播这个角色，所以主播的个人特质是影响直播带货效果的重要因素。已有的理论尚不能解释官员使用不同语言风格会对直播带货的购买意愿产生何种影响。

2.2 代言人身份类型与代言效果

许多学者针对代言人的属性构建了相关的模型，如信源可信性模型（Ohanian，1990）和信源吸引力模型（McGuire，1985）等。此外，还有学者提出匹配性假设，即名人的属性与其代言产品的特征如果是匹配的，广告就能带来有效的收益（Kahle，Homer，1985），且两者相关度越高，代言效果和广告收益越好（Misra，Beatty，1990）。

互联网和社交媒体的发展导致了"网红""大 V"的出现，与传统的名人不同，网红没有正统名人所具有的特殊身份或技能，但是他们能通过互联网获取高曝光率并为大众所熟知，并且也像传统名人一样在互联网平台上建立了个人粉丝群体（McQuarrie，Miller，Phillips，2012），相比传统名人被视为偶像、与大众有更远心理距离的榜样，网红则被视为更真实、平易近人的人（Marwick，2013）。虽然政治家被认为是代言人身份类型之一，但以往研究更多关注的是其在政治选举中的代言效果（Hsuan-Yi Chou，2014），且由于政府官员身份的特殊性，以往研究很少对其在营销领域中的运用进行深入分析。故本文将主要讨论官员和网红这两种代言人身份类型对消费者心理感知及购买意愿的影响。

2.3　代言人语言风格与特征

公益广告虽然是一种非营利性质的广告，但与商业广告一样都是一种说服手段（Yu Hao，2016）。由于代言人传递产品信息的最终目的是促销，本文采用广告语言这一概念来理解代言人的语言表达。随着互联网技术的发展，人们对即时通信过程中语言传递的便捷性要求越来越高，网络语言应运而生。标准语言是指标准汉语普通话，前身又称为官话、国语，是可以代表国家的一种官方语言（Wang，2016），被认为是规范的、严谨的（Liu，Wen，Wei，et al.，2013）。而网络语言则是标准语言的变体，与网络环境和网络社区有着密切的联系，容易让受众产生非官方的、新颖的、有趣的感知。如果认为方言是标准语言的区域变体，那么网络语言就是标准语言的社会变体（张薇和王红旗，2009）。在使用过程中标准语言与网络语言均属于符号语言体系（logographic），但网络语言作为一种非标准的语言形式（Crystal，2001），拥有一些新特点。网络语言作为始于特定交际场合、基于网络载体且为年轻群体广泛使用的一种社会方言，与标准语言存在语音、词汇、语法、寓意、语符、书写等各方面的差异（Leech，1969），比如"88"代替"拜拜"就是典型的语音变异，以"表"代替"不要"进行词汇代替。在直播购物中，主播经常使用的网络语言有"亲亲""厉害了，我的××"等。以往学者认为网络语言使用者更可能产生求趣、求新、求变、调侃戏谑、追求自由与宣泄的心理，与标准语言相比，具备新颖、有趣的特征，同时也被认为是不规范和不严谨的（季安锋，2009）。

现有研究大多是探讨语言类别运用对消费者的认知、态度和行为的影响（Alcántara-Pilar，Barrio-García，Porcu，2013），并未过多探讨代言人身份类型与语言风格的匹配效应，官员作为在身份上与网红有较大差异的代言人，在直播时应当使用怎样的语言风格？本文将从直播过程中不同身份代言人所使用的语言风格出发，讨论不同语言风格与身份类型的匹配性对消费者购买意愿的影响。

3. 假设演绎

3.1　代言人身份类型和语言风格的交互效应

根据解释水平理论，当心理距离较远时，人们倾向于使用高解释水平来认知事物，其更加关注抽象的、核心的、本质的事物特征；反之，则使用低解释水平来认知事物，此时个体更注重具体的、外围的、表面的事物特征（Trope，Yaacov，Liberman，et al.，2003）。

社会距离是心理距离的一种，以往有学者直接检验了社会距离与解释水平的关系，结果显示，权力的提高增加了人们感知与他人的距离（Smith，Trope，2006）。政府官员具有较高的权威属性和社会地位，因此对于消费者而言，与官员的心理距离较远；而网红与大众消费者的身份较为接近，且这些"大 V""网红"通过非正式的、消费者习惯的方式推广宣传产品和品牌（Abidin，Ots，2015），因此消费者与他们的心理距离较近。此外，相对于网络语言，标准语言更加规范、严谨和权威，使用礼貌语和规范语言更易使人产生距离感（Brown，Levinson，1987），因此，代言人使用标准语言更易让消费者产生远心理距离感知，使用网络语言更易让消费者产生近心理距离感知。由于解释水平与心理距离具有匹配效应，继而感知相匹配的事物或事件是否重要，产生的态度反应是否积极（Steinhart，Mazursky，Kamins，2013）。因此，我们推测官员使用标准语言代言、网红使用网络语言代言的方式更能对消费者的购买意愿产生积极影响。综上，本文提出以下假设：

H1：代言人身份类型和语言风格之间存在交互作用。

H1a：对于官员而言，采用标准语言代言比网络语言更能引发消费者积极的购买意愿。

H1b：对于网红而言，采用网络语言代言比标准语言更能引发消费者积极的购买意愿。

3.2 感知匹配性的中介效应

匹配性假设是解释名人代言效果的理论基础之一。关于匹配性的研究中出现的共识观点是，匹配性是一个积极的因素，它促进了消费者处理信息（Fleck，2010）。匹配度越高，消费者的产品态度及购买意愿越积极（Kahle，Homer，1985；Batra，Homer，2004）。

以往的学者（Lu，2018）对中国用户的直播实践进行了实证研究，发现在中国情境下，主播采用的沟通语言风格比沟通内容更为重要，并且代言人采用适合其身份的沟通风格对于产品销售具有重要影响（Williams，1985）。根据人们的固有认知，官员作为执政者，在身份上具有"官方"公信力和权威性，且在日常政务工作中保持严肃形象，往往采用比较正式、官方的语言风格，而网红因为文字、噱头、外表等受到网民关注（孟威，2020），往往采用活泼的语言风格且常用网络语言。因此，人们认为官员身份与标准语言更加匹配，网红身份与网络语言比较匹配，这种匹配性不仅会提高消费者对产品的态度，也会促进消费者购买。因此，本文认为，官员在直播带货时应当使用标准语言，其官员身份与语言风格的匹配性更有利于提高消费者对其推荐产品的购买意愿；而网红在直播带货时应当使用网络语言，其网红身份与语言风格的匹配性更有利于提高消费者购买意愿。综上，本文提出以下假设：

H2：代言人身份类型与语言风格的交互作用通过匹配性感知对购买意愿产生影响。

3.3 匹配效应的边界：消费者权力距离

权力距离是指一个社会及社会中的个体在多大程度上接受组织或机构中不平等的权力分配（Hofstede，1980）。在高权力距离文化中，权力是分等级的，某些群体比如贵族或者执政党比一般的平民拥有更多的权力；而在低权力距离文化中，人们拥有平等的观念，即人人生而平等。这一概念最初被认为是文化维度的一种，常常被定义在国家或社会层面，研究者发现由于每个个体具有不同的社会化经历，在同一社会中不同个体间的权力距离观念也千差万别（Kirkman, Lowe, Gibson, 2006）。当从个体层面进行探讨时，权力距离又可称作权力距离信念。本文将权力距离定义为一项反映个体价值观差异的心理特征，而不是描述社会层面差异的文化价值变量。

高权力距离信念的个体能接受人与人之间权力分配不平等的现象，认为社会上等级分层现象是不可避免且合理的（Schweitzer, Belk, Jordan, et al., 2019），他们倾向于把社会上的人依据权力、地位、财产和名誉声望等进行分层，更崇尚较高的权力与地位，更鄙弃较低的权力与地位（Hofstede, 1980）。与之相反，低权力距离的个体认为人与人生而平等，他们认为社会等级划分是不合理的，更不倾向于根据权力、地位等对人进行高低分层。同时，高权力距离信念的个体更希望与他人按照一定的结构和层级制度来维持关系，也希望他人能按照自身固有的等级角色作出相应的言行举止（Lian, Ferris, Brown, 2012）。因此，本文认为，对于高权力距离的消费者，官员采用标准语言比采用网络语言时，个体的感知匹配性更高，并产生更高的购买意愿；而网红采用网络语言相比采用标准语言，个体的感知匹配性更高。对于低权力距离消费者，官员采用标准语言和网络语言，个体的感知匹配性无明显差异；网红采用标准语言和网络语言，个体的感知匹配性也无明显差异。综上，本文提出以下假设：

H3：代言人身份类型与语言风格的交互作用对购买意愿的影响受到消费者权力距离信念的调节作用。

H3a：对于高权力距离的消费者，官员采用标准语言相比采用网络语言，个体的感知匹配性更高；而网红采用网络语言相比采用标准语言，个体的感知匹配性更高。

H3b：对于低权力距离的消费者，官员采用标准语言和网络语言，个体的感知匹配性无明显差异；网红采用标准语言和网络语言，个体的感知匹配性也无明显差异。

本文的研究框架如图 1 所示：

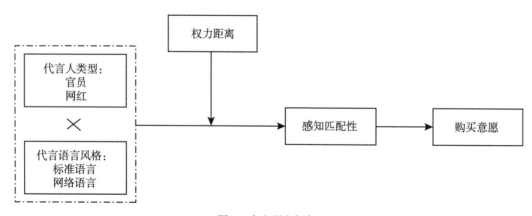

图 1　本文研究框架

4. 研究设计与程序

4.1 实验一

4.1.1 实验设计与步骤

实验开展前，对来自某高校的 70 名学生开展一项关于直播带货的调查，其中男生占比 48.3%，女生占比 51.7%。调查显示，仅有 5 位未看过带货直播、短视频，其余 65 位被试中，67.74% 的人观看直播的频率是一周至少 1~2 次，最常看的网红主播为李佳琦等，最常看的带货平台是淘宝和抖音。该结果表明电商直播已被消费者普遍接受，也为后续实验的网红代言人选择奠定基础。

实验一的主要目的是检验代言人身份类型和语言风格的交互作用对购买意愿的影响。本次实验采用 2（代言人身份类型：官员 vs. 网红）×2（语言风格：标准语言 vs. 网络语言）的组间因子设计，被试均为某高校学生，选择的 200 个样本被随机分配到四组实验中，剔除掉未看过电商直播、短视频等的 9 个样本，共计 191 个有效样本，其中男性占比 43.5%，女性占比 56.5%。

首先，被试阅读一段直播带货的材料。为了保证外部效度，本实验选用真实的直播带货材料对被试进行刺激，官员和网红代言人分别为恩施州副州长李岩和主播李佳琦，实验材料展示两位代言人带货图片以及人物介绍，代言商品为代言人都真实售卖过的蜂蜜，语言内容结合现实材料进行改编，其中标准语言主要体现表达的正式、规范性，而网络语言则侧重表达的网络化、趣味性，两段材料的字数、结构无明显差异。具体的代言人和代言文案见图 2。

随后，被试回答了关于代言人和刺激材料的语言风格感知、购买意愿的量表。其中语言风格感知测量是通过被试对所呈现的代言文案材料的语言风格感知程度评分。购买意愿量表（$\alpha = 0.893$）测量题项包括：他推荐的产品是值得购买的、我想要购买他推荐的这款产品、我愿意将这款产品推荐给家人或朋友（Lai and Huang，2011；Park，Lin，2020）。所有题项均采用 Likert 7 级量表，最后被试填写相关的人口统计信息。

4.1.2 数据分析

操控检验：利用方差分析对 4 个情境的语言风格操控结果进行检验。结果显示，在官员采用标准语言情境中，被试感知标准语言得分更高（$M_{标准} = 6.29$，SD = 0.71；$M_{网络} = 1.83$，SD = 0.90；$F (1，95) = 716.52$，$p < 0.001$）；在官员采用网络语言情境中，被试感知网络语言得分更高（$M_{标准} = 2.13$，SD = 1.05；$M_{网络} = 6.14$，SD = 0.69；$F (1，93) = 477.67$，$p < 0.001$）；在网红采用标准语言情境中，被试感知标准语言得分更高（$M_{标准} = 5.74$，SD = 0.94；$M_{网络} = 2.66$，SD = 1.00；$F (1，93) = 235.20$，$p < 0.001$）；在网红采用网络语言情境中，被试感知网络语言得分更高（$M_{标准} = 2.51$，SD = 1.27；$M_{网络} = 6.29$，SD = 0.84；$F (1，97) = 298.69$，$p < 0.001$）。因此，对代言人的语言风格操控是成功的。

例1　官员代言（标准语言）　　例2　官员代言（网络语言）

例3　网红代言（标准语言）　　例4　网红代言（网络语言）

图 2　代言人及代言文案

交互效应分析：为了检验代言人身份类型和语言风格的匹配对购买意愿的影响，我们将购买意愿作为因变量，将代言人身份类型和语言风格作为固定因子，用单因素 F 检验方法检验调节效应。结果见表 1，其中交互效应显著（调整后 $R^2 = 0.220$，F（1，191）= 56.562，$p < 0.001$）。然后用方差分析检验不同组别的均值差异，结果见图 3。在官员组中，采用标准语言对购买意愿的影响显著高于网络语言（$M_{标准} = 5.48$，SD = 0.98；$M_{网络} = 4.29$，SD = 1.13；F（1，94）= 30.15，$p < 0.001$）；在网红组中，采用网络语言对购买意愿的影响显著高于标准语言（$M_{标准} = 4.22$，SD = 1.20；$M_{网络} = 5.44$，SD = 1.11；F（1，95）= 26.75，$p < 0.001$）。实验结果验证了假设 H1a 和 H1b。

表 1　　　　　　　　　代言人身份类型与语言风格的交互对购买意愿的影响

源	Ⅲ类平方和	自由度	均方	F	显著性
校正的模型	69.106[a]	3	23.035	18.893	0.000
截距	4503.121	1	4503.121	3693.335	0.000
代言人身份类型	0.157	1	0.157	0.129	0.720
语言风格	0.009	1	0.009	0.007	0.932
代言人身份类型×语言风格	68.963	1	68.963	56.562	0.000
错误	228.001	187	1.219		
总计	4818.889	191			
校正后的总变异	297.106	190			

注：a. $R^2 = 0.233$（调整后 $R^2 = 0.220$）

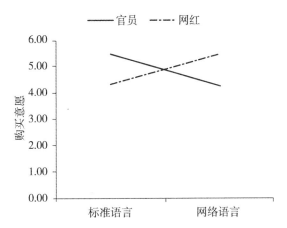

图 3　代言人身份类型与语言风格的交互对购买意愿的影响

4.1.3　结果讨论

实验一结果显示代言人身份类型与语言风格之间存在交互作用，即官员采用标准语言会产生更高的购买意愿，网红采用网络语言会产生更高的购买意愿。然而，这种交互效应存在的内在机制是什么？为什么代言人身份类型与语言风格之间的匹配会带来更高的购买意愿？为检验感知匹配性的中介作用，本文将通过实验二开展研究。

4.2　实验二

4.2.1　实验设计与步骤

由于实验一选用男性代言人，为了增加实验的外部效度，本次实验选择女性代言人。此外，本实验增加代言人属性和感知匹配性的测量，采用 2（代言人身份类型：官员 vs. 网红）×2（语言风格：标准语言 vs. 网络语言）的组间实验设计，共设计 4 套问卷。被试来自某调查网站，共回收 190 份问卷，剔除无效问卷 10 份，共计 180 份有效问卷，其中男性占比 46.1%，女性占比 53.9%。

本次问卷设计流程与实验一相同。首先，被试阅读一段电商带货的真实材料，官员代言人为新疆昭苏县副县长贺娇龙，网红代言人为 W。实验材料展示两位代言人带货图片以及人物介绍，代言商品为代言人真实售卖过的马铃薯水晶粉。语言内容遵循字数、结构一致的原则进行改编。

感知匹配性测量量表包括 3 个题项：他与这种表达方式相一致；他与这种表达方式很匹配；在我看来，他非常适合采用这种表达方式（Fleck, Korchia, Roy, 2012; Arnold, 2006）。名人代言人属性量表包括可靠性、专业性和吸引力三个部分，其中可靠性有"这位代言人是可靠的"等 4 个题项，专业性有"这位代言人是有经验的"等 3 个题项，吸引力有"这位代言人很吸引人"等 3 个题项。

4.2.2 数据分析

语言风格操控检验：首先用方差分析进行检验。结果显示，在官员采用标准语言情境中，被试感知标准语言得分更高（$M_{标准}$ = 6.04，SD = 1.086；$M_{网络}$ = 4.33，SD = 1.871；$F_{(1, 89)}$ = 20.217，$p<0.001$）；在官员采用网络语言情境中，被试感知网络语言得分更高（$M_{标准}$ = 4.67，SD = 1.745；$M_{网络}$ = 5.33，SD = 1.108；$F_{(1, 89)}$ = 9.519，$p<0.01$）；在网红采用标准语言情境中，被试感知标准语言得分更高（$M_{标准}$ = 5.73，SD = 1.388；$M_{网络}$ = 4.80，SD = 1.575；$F_{(1, 89)}$ = 20.596，$p<0.001$）；在网红采用网络语言情境中，被试感知网络语言得分更高（$M_{标准}$ = 4.24，SD = 1.708；$M_{网络}$ = 6.02，SD = 0.941；$F_{(1, 89)}$ = 19.961，$p<0.001$）。因此，4 个情境的代言人语言风格操控均成功。

交互效应分析：主体间效应分析结果见表 2，代言人身份类型与语言风格的交互作用显著影响消费者的购买意愿（调整后 R^2 为 0.080，$F_{(1, 180)}$ = 18.405，$p<0.001$）。简单效应分析结果见图 4，在官员组中，采用标准语言对购买意愿的影响显著高于网络语言（$M_{标准}$ = 5.59，SD = 1.137；$M_{网络}$ = 4.85，SD = 1.171；$F_{(1, 89)}$ = 7.888，$p<0.01$）；在网红组中，采用网络语言对购买意愿的影响显著高于标准语言（$M_{标准}$ = 4.85，SD = 1.603；$M_{网络}$ = 5.71，SD = 1.101；$F_{(1, 89)}$ = 10.618，$p<0.001$）。结果与实验一相同，假设 H1a 和 H1b 再次得到验证。

表 2 　　　　　　代言人身份类型与语言风格的交互对购买意愿的影响

源	Ⅲ类平方和	自由度	均方	F	显著性
校正的模型	29.127[a]	3	9.709	6.202	0.000
截距	4964.611	1	4964.611	3171.578	0.000
代言人身份类型	0.158	1	0.158	0.101	0.751
语言风格	0.158	1	0.158	0.101	0.751
代言人身份类型×语言风格	28.811	1	28.811	18.405	0.000
错误	275.501	176	1.565		
总计	5269.238	180			
校正后的总变异	304.627	179			

注：a. R^2 = 0.233（调整后 R^2 = 0.220）

中介效应分析：我们使用 Bootstrap 方法进行中介效应检验，选择模型 8，样本量 5000，置信区间为 95%，结果显示有调节的中介效应区间不包含 0（LLCI = 0.5949，ULCI = 1.7856），表明有调节的中介效应存在。对感知匹配性的检验中，当采用标准语言时，有调节的中介效应区间不包含 0（LLCI = -0.9557，ULCI = -0.0864）；当采用网络语言时，有调节的中介效应区间也不包含 0（LLCI = 0.2939，ULCI = 1.0415）表明感知匹配性存在部分中介作用，与回归分析的结果一致。综

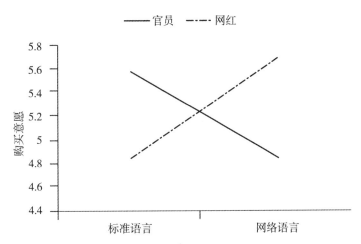

图4　代言人身份类型与语言风格的交互对购买意愿的影响

上，因此，实验二证明感知匹配性在代言人身份类型与语言风格的交互效应对购买意愿的影响中起中介作用。

代言人属性分析：最后我们测量了两种代言人的可靠性、专业性和吸引力，结果显示，两者的可靠性无明显差异（$M_{官员}$ = 5.36，SD = 1.07；$M_{网红}$ = 5.45，SD = 1.18；F（1，179）= 0.318，p = 0.574），网红的专业性显著大于官员（$M_{官员}$ = 5.20，SD = 1.34；$M_{网红}$ = 5.64，SD = 1.16；F（1，179）= 5.644，p = 0.019），两者的吸引力无明显差异（$M_{官员}$ = 5.34，SD = 1.18；$M_{网红}$ = 5.51，SD = 1.32；F（1，179）= 0.833，p = 0.363）。两种代言人身份类型对消费者的购买意愿均有正向影响且无显著性差异（$M_{官员}$ = 5.22，SD = 1.21；$M_{网红}$ = 5.25，SD = 1.30；F（1，179）= 0.092，p = 0.762）。

4.2.3　结果讨论

实验二数据分析结果再次验证了身份类型与语言风格之间存在交互作用，即官员采用标准语言产生的购买意愿更高，网红采用网络语言产生的购买意愿更高。同时，实验二验证了感知匹配性在代言人身份类型对消费者购买意愿影响中存在中介作用，即代言人身份是官员时与标准语言更加匹配，更高的匹配性会带来更强的购买意愿；代言人身份是网红时与网络语言更加匹配，更高的匹配性会带来更强的购买意愿。

然而，官员作为代言人与其他代言人带给消费者的权力距离感知有较大差异，这种差异是否会影响代言人身份类型与语言风格的匹配效应？以往研究表明，权力距离信念调节了名人（vs. 非名人）代言的广告效果，具体而言，对于高权力距离的消费者，名人代言的广告效果更好；而对于低权力距离的消费者，名人代言和非名人代言的广告效果及对品牌评价没有显著差异（Winterich，2018）。高权力距离的消费者除了更尊重和相信权威外，也希望他人的言行举止与其自身的等级角色等相匹配（Yu Hao，2016）。据此，本研究开展实验三检验消费者权力距离的调节作用。

4.3 实验三

4.3.1 实验设计与步骤

实验三的主要目的是验证权力距离信念的调节作用。为排除被试对代言人的熟悉度和偏好影响，实验三采用虚拟代言人代替真实人物。在本实验中，我们采用实验启动的方法瞬时操控个体的权力距离信念。同时，为了提高研究的内部效度，更换了广告刺激物。本实验采用 2（代言人身份类型：官员 vs. 网红）×2（语言风格：标准语言 vs. 网络语言）×2（权力距离信念：高 vs. 低）的组间实验设计，共设计 8 套问卷。

本实验的 300 个被试均招募于某调查网站，剔除无效数据 23 个，共 277 个有效样本，男性占比 43.2%，女性占比 56.8%。

首先，被试阅读一段电商带货的资料，其中代言人图片相同，对自我介绍和表达语言进行操控，代言商品选取官员和网红直播带货中常见的牛肉干。资料遵循字数、结构一致的原则进行改编。权力距离信念的操控主要借鉴了 Zhang 等（2010）使用的方法，被试在实验中的任务是将乱序的词语组为连贯通顺的句子，相对于低权力距离信念操控组，高权力距离信念组的被试对不平等的接受程度更高。在高权力距离信念操控组，被试完成了 7 个与社会等级相关的组句，如"非常、重要、维持、社会等级"；在低权力距离信念操控组，被试完成了 7 个与社会平等相关的组句，如"非常、重要、维持、社会平等"；此外，两组被试都完成了 3 个中性的组句，如"走路、去、学校、他"等。10 个组句任务的顺序随机呈现给被试，随后，被试回答三个问项以检验操控效果（$\alpha=0.93$）："现在，我认为……""在这时，我觉得""此时此刻，我赞同……"采用 Likert 7 级量表度量购买意愿、感知匹配性和名人代言人属性的测量与实验二保持一致。最后，被试回答相关的人口统计信息。

4.3.2 数据分析

操控检验：首先对权力距离信念的操控结果进行检验，方差分析结果显示，高权力距离组的得分均值显著小于低权力距离组的得分（$M_{高权力距离}=4.96$，SD$=1.74$；$M_{低权力距离}=5.88$，SD$=1.33$；$p<0.001$），因此，权力距离信念操纵成功。语言风格的操控检验结果显示，标准语言组中，被试感知到的标准语言得分更高且差异显著（$M_{标准}=5.31$，SD$=1.29$；$M_{网络}=3.04$，SD$=1.59$；$p<0.001$）；网络语言组中，被试感知到的网络语言得分更高且差异显著（$M_{标准}=3.67$，SD$=1.53$；$M_{网络}=5.58$，SD$=1.06$；$p<0.001$）。因此，代言人的语言风格操控成功。

交互效应分析：主体间效应分析显示，代言人身份类型与语言风格的交互作用显著影响消费者购买意愿（调整后 R^2 为 0.089，$F(1, 277)=29.706$，$p<0.001$），结果见表3。接下来进行简单效应分析，结果见图5，在官员组中，采用标准语言对购买意愿的影响效果显著高于网络语言（$M_{标准}=5.42$，SD$=1.16$；$M_{网络}=4.48$，SD$=1.65$；$F(1, 138)=15.142$，$p<0.001$）；在网红组中，采用网络语言对购买意愿的影响效果显著高于标准语言（$M_{标准}=4.52$，SD$=1.38$；$M_{网络}=5.34$，SD$=1.14$；$F(1, 137)=14.67$，$p<0.001$）。因此，假设 H1a 和 H1b 进一步得到验证。

表3　　　　　　　　代言人身份类型与语言风格的交互对购买意愿的影响

源	Ⅲ类平方和	自由度	均方	F	显著性
校正的模型	54.230ᵃ	3	18.077	9.959	0.000
截距	6758.476	1	6758.476	3723.607	0.000
代言人身份类型	0.021	1	0.021	0.012	0.914
语言风格	0.236	1	0.236	0.130	0.719
代言人身份类型×语言风格	53.917	1	53.917	29.706	0.000
错误	495.505	273	1.815		
总计	7305.778	277			
校正后的总变异	549.734	276			

注：a. $R^2 = 0.099$（调整后 $R^2 = 0.089$）

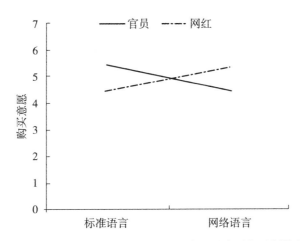

图5　代言人身份类型与语言风格的交互对购买意愿的影响

中介效应分析：首先检验不同组别中感知匹配性是否存在均值差异。结果见图6，官员组中，采用标准语言的感知匹配性显著高于采用网络语言（$M_{标准} = 4.95$，SD = 1.14；$M_{网络} = 4.26$，SD = 1.49；$F(1, 138) = 9.44$，$p < 0.01$）；网红组中，采用网络语言的感知匹配性显著高于采用标准语言（$M_{标准} = 4.27$，SD = 1.20；$M_{网络} = 4.96$，SD = 1.19，$F(1, 137) = 11.34$，$p < 0.01$）。因此，代言人采用不同类型的语言时，消费者感知匹配性存在显著差异。

首先对各变量进行赋值。通过回归方法进行中介检验，结果显示，官员与语言风格的交互对购买意愿的影响显著（$\beta = -0.315$，$p < 0.01$），系数为负说明官员采用标准语言会对购买意愿产生显著影响；官员与语言风格的交互对感知匹配性的影响显著（$\beta = -0.254$，$p < 0.01$），系数为负说明官员采用标准语言对感知匹配性的影响显著。当自变量为官员与语言风格的交互、感知匹配性，因变量为购买意愿时，官员与语言风格的交互影响依然显著（$\beta = -0.143$，$p = 0.02$），感知匹配性的影响显

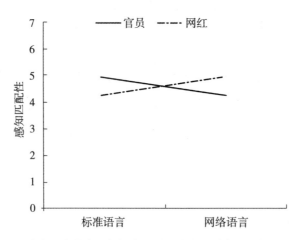

图 6　代言人身份类型与语言风格的交互对感知匹配性的影响

著（$\beta=0.679$，$p<0.001$），表明感知匹配性起到部分中介作用。Bootstrap 分析检验结果显示间接效应区间没有包含 0（LLCI $=-0.9664$，ULCI $=-0.1709$），直接效应区间也不包含 0（LLCI $=-0.7850$，ULCI $=-0.0686$），表明存在部分中介作用。

同样，我们对网红组进行分析。回归结果显示，网红与语言风格的交互项对购买意愿的影响显著（$\beta=0.312$，$p<0.001$），且系数为正，说明网红采用网络语言对购买意愿有显著影响，且交互项对感知匹配性影响显著（$\beta=0.277$，$p<0.01$），当交互项和感知匹配性同时作为自变量，购买意愿作为因变量时，交互项影响依然显著（$\beta=0.151$，$p=0.03$），感知匹配性的影响也显著（$\beta=0.581$，$p<0.001$），说明感知匹配性存在部分中介作用。再用 Bootstrap 分析检验上述中介作用，结果显示间接效应区间不包含 0（LLCI $=0.1478$，ULCI $=0.8115$），直接效应区间也不包含 0（LLCI $=0.0387$，ULCI $=0.8115$），同样表明感知匹配性存在部分中介作用。综上，实验三进一步证明感知匹配性在代言人身份类型与语言风格的交互效应对购买意愿的影响中起中介作用，具体数据见表 4、表 5。

表 4　　　　　　　　　　　　　　　　官员组—感知匹配性的中介作用

变量	模型 1 购买意愿		模型 2 感知匹配性		模型 3 购买意愿	
	β	t	β	t	β	t
官员代言×语言风格	-0.315^{***}	-3.891	-0.254^{**}	-3.072	-0.143^{*}	-2.356
感知匹配性					0.679^{***}	11.177
调整后 R^2	0.093		0.058		0.524	

注：* 表示 $p < 0.05$，** 表示 $p < 0.01$，*** 表示 $p < 0.001$。

表5　　　　　　　　　　　　　网红组—感知匹配性的中介作用

变量	模型1 购买意愿		模型2 感知匹配性		模型3 购买意愿	
	β	t	β	t	β	t
网红代言×语言风格	0.312***	3.829	0.277**	3.367	0.151*	2.190
感知匹配性					0.581***	8.430
调整后 R^2	0.091		0.07		0.400	

注：* 表示 $p < 0.05$，** 表示 $p < 0.01$，*** 表示 $p < 0.001$。

调节效应分析：首先，用单因素 F 检验的方法来检验调节效应，结果如表6所示。主体间效应检验显示，代言人身份类型、语言风格和权力距离三者的交互对购买意愿的影响存在显著差异（$F (1, 277) = 7.669$，$p<0.01$），说明消费者的权力距离信念对代言人身份类型和语言风格的交互效应存在调节作用。

表6　　　　　　　代言人身份类型、语言风格与权力距离的交互对购买意愿的影响

源	III类平方和	自由度	均方	F	显著性
校正的模型	91.511ᵃ	7	13.073	7.674	0.000
截距	6759.236	1	6759.236	3968.004	0.000
代言人身份类型	0.038	1	0.038	0.022	0.882
语言风格	0.203	1	0.203	0.119	0.730
权力距离组	16.420	1	16.420	9.640	0.002
代言人身份类型×语言风格	53.031	1	53.031	31.132	0.000
代言人身份类型×权力距离组	1.683	1	1.683	0.988	0.321
语言风格×权力距离组	6.186	1	6.186	3.632	0.058
代言人身份类型×语言风格×权力距离组	13.064	1	13.064	7.669	0.006
错误	458.224	269	1.703		
总计	7305.778	277			
校正后的总变异	549.734	276			

注：a. $R^2 = 0.166$（调整后 $R^2 = 0.145$）

其次，通过方差分析再次进行验证，结果见图7、图8。其中，对高权力距离消费者，官员采用标准语言比采用网络语言更能促进消费者的购买意愿（$M_{标准} = 5.46$，SD $= 1.09$；$M_{网络} = 3.80$，SD $= 1.67$；$F (1, 70) = 24.839$，$p<0.001$），且官员采用标准语言时消费者的感知匹配性更高（$M_{标准} = 4.96$，SD $= 1.19$；$M_{网络} = 3.73$，SD $= 1.43$；$F (1, 70) = 15.441$，$p<0.001$）；网红采用网络语言比采用标准语言更能促进消费者的购买意愿（$M_{标准} = 4.29$，SD $= 1.43$；$M_{网络} = 5.24$，SD $= 1.18$；$F (1, 67) = 8.976$，$p<0.01$），且网红采用网络语言时消费者的感知匹配性更高（$M_{标准} = 4.14$，SD $= 1.38$；

$M_{网络}$ = 4.88，SD = 1.16；F（1，67）= 5.632，$p<0.05$）；对于低权力距离消费者而言，官员采用标准语言或网络语言对消费者的购买意愿无显著差异（$M_{标准}$ = 5.37，SD = 1.24；$M_{网络}$ = 5.18，SD = 1.33；F（1，67）= 0.395，$p=0.532$），且官员采用标准语言时消费者的感知匹配性也无明显差异（$M_{标准}$ = 4.94，SD = 1.10；$M_{网络}$ = 4.80，SD = 1.36；F（1，67）= 0.208，$p=0.650$），此外，网红采用网络语言或者标准语言时对消费者的购买意愿的影响有显著差异，即网红采用网络语言时对购买意愿的影响更显著（$M_{标准}$ = 4.75，SD = 1.31；$M_{网络}$ = 5.44，SD = 1.08；F（1，69）= 5.682，$p<0.05$），且网红采用网络语言时对消费者的感知匹配性影响更显著（$M_{标准}$ = 4.40，SD = 0.99；$M_{网络}$ = 5.03，SD = 1.22；F（1，69）= 5.565，$p<0.05$）。

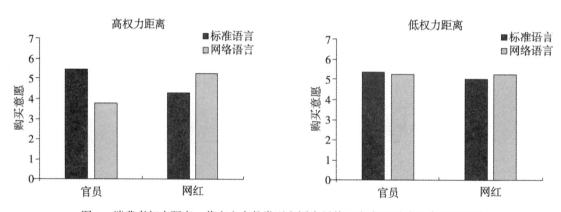

图 7　消费者权力距离、代言人身份类型和语言风格三方交互对购买意愿的影响

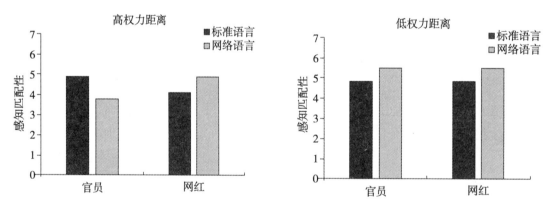

图 8　消费者权力距离、代言人身份类型和语言风格三方交互对感知匹配性的影响

代言人属性分析：同实验二，最后对两种代言人的属性差异进行测量。结果显示，官员的可靠性显著大于网红（$M_{官员}$ = 4.93，SD = 1.09；$M_{网红}$ = 4.15，SD = 1.00；F（1，276）= 38.451，$p<0.01$），网红的专业性显著大于官员（$M_{官员}$ = 4.20，SD = 1.12；$M_{网红}$ = 4.64，SD = 0.98；F（1，276）= 11.898，$p<0.001$），两者的吸引力无明显差异（$M_{官员}$ = 4.65，SD = 1.22；$M_{网红}$ = 4.90，SD = 1.54；F（1，276）= 2.269，$p=0.133$）。两种代言人身份类型对消费者的购买意愿均有正向影响且无显著性差异（$M_{官员}$ = 4.95，SD = 1.50；$M_{网红}$ = 4.93，SD = 1.33；F（1，276）= 0.025，$p=0.874$）。

4.3.3 结果讨论

据实验三数据分析结果，官员代言与标准语言更匹配，产生的购买意愿更高；网红与网络语言更匹配，产生的购买意愿更高，这种影响受到消费者权力距离信念的调节作用，对于高权力距离信念的消费者，上述匹配效果依然显著，但对低权力距离信念的消费者，官员采用标准语言或网络语言对消费者感知匹配性的影响差异并不显著。实验三样本量充足，结论具有较高的外部有效性和稳健性。

5 研究结论

5.1 研究结论

首先，本文通过实证研究发现了代言人身份类型与语言风格之间具有交互效应，对于官员而言，采用标准语言比采用网络语言更能促进消费者的购买意愿；对于网红而言，采用网络语言更能促进消费者的购买意愿。

其次，感知匹配性在代言人身份类型与语言风格之间的交互对购买意愿的影响中起到中介作用，即消费者感知到官员与标准语言的匹配性更高，网红与网络语言的匹配性更高，从而使消费者产生更高的购买意愿。

同时，代言人身份类型与语言风格的匹配效应受到消费者权力距离的调节。消费者的权力距离信念越高，对匹配效应的影响感知越敏感。对于高权力距离信念的消费者，官员采用标准语言要比采用网络语言产生更高的感知匹配性与购买意愿，而网红采用网络语言产生更高的感知匹配性与购买意愿；对于低权力距离信念的消费者，官员不论采用哪种语言风格，消费者产生的感知匹配性与购买意愿均无明显差异，而网红采用网络语言要比采用标准语言产生更高的感知匹配性与购买意愿。

5.2 理论贡献

（1）本研究丰富了网络直播购物中主播类型的研究。以往研究更多关注网红、明星、名人、企业等主播类型，聚焦于代言人不同特质属性对消费者购买的影响，但随着市场环境的改变，代言人身份类型的多元化趋势愈加明显，更多的政府官员也加入了直播带货，本文拓展了主播类型的研究范畴。

（2）本研究丰富了对直播语言风格的研究。以往关于主播与消费者交互方式主要聚焦于弹幕的信息特性（喻昕等，2017）、主播与消费者沟通风格相似性等（吴娜等，2020），而少有研究对主播使用的语言风格进行分类。本文将代言人使用的语言风格分为标准语言和网络语言，揭示了代言人身份类型与语言风格之间的匹配效应及其对消费者购买意愿的影响，增加了主播与消费者交互方式研究领域新的视角。

（3）本研究将权力距离引入对直播效果的研究。以往学者较多从消费者性别（Hoegele, Schmidt, 2016）、消费者的动机归因（del Mar Garcia, de los Salmones, Dominguez, Herrero, 2013）、产品卷入度（Lee, Thorson, 2008）等视角研究消费者对代言人的感知。本研究通过引入消费者权力距离感知，揭示出官员直播只有采用标准语言才能体现出权威性的价值，进而正向影响部分消费者的购买意愿。

5.3　实践启示

本研究展开的背景与现实应用结合紧密，具有丰富的管理意义。

首先，对公益直播带货的内容设计具有一定的指导意义。在直播带货中，代言人与直播内容都对代言效果起着决定性作用。代言人身份类型与语言风格之间具有匹配性效应。因此，官员在直播带货时应选择与其身份相匹配的标准语言风格，使消费者产生更积极的态度和更高的购买意愿。网红应选择活泼、网络化的语言风格，使消费者具有更高的感知匹配性和购买意愿。

其次，研究发现，高权力距离的消费者对官员代言人采用的语言风格十分敏感，当官员采用标准语言时会产生更好的代言效果。而对低权力距离的消费者，官员的语言风格并不会对其代言效果产生差异化影响。总体来看，官员在直播中应采用标准语言，才会收获最佳的效果。

综上所述，政府官员开展直播带货是有效的，但不应模仿网红语言风格，而应当使用比较规范的标准语言。刻意使用网络语言，并不能增强消费者对其所代言产品的感知信任。

5.4　研究局限与展望

首先，本文仅从主播的语言风格与其身份的匹配性视角考察了影响购买意愿的因素，未来研究还可以考察产品类型、直播平台、视频背景等多方面因素对不同身份主播带货销售绩效的影响。

其次，本文主要利用实验室实验来测量被试对不同身份主播使用特定语言风格的购买意愿，后续研究可以通过对政府官员和网红直播带货的语言及直播观众的消费行为的大数据进行分析，对匹配性影响进行验证。

最后，研究结论显示，感知匹配性在代言人身份类型与语言风格对购买意愿的交互影响中起到部分中介作用，后续研究可继续探索其他潜在的中介机制。

◎ **参考文献**

[1] 崔登峰，袁振朋. 叫好可以叫座吗？网络直播购物情境下平台及主播声誉对消费者参与意愿的影响研究 [J]. 新疆农垦经济，2021（6）.

[2] 龚潇潇，叶作亮，吴玉萍，等. 直播场景氛围线索对消费者冲动消费意愿的影响机制研究 [J]. 管理学报，2019，16（6）.

［3］ 季安锋．网络语言与社会文化心理［J］．济南大学学报（社会科学版），2009（19）．

［4］ 孟陆，刘凤军，陈斯允，等．我可以唤起你吗——不同类型直播网红信息源特性对消费者购买意愿的影响机制研究［J］．南开管理评论，2020，23（1）．

［5］ 人民日报社．官员直播带货热能延续多久？［N］．人民日报，2020-5-11．

［6］ 吴娜，宁昌会，龚潇潇．直播营销中沟通风格相似性对购买意愿的作用机制研究［J］．外国经济与管理，2020，42（8）．

［7］ 喻昕，许正良，YU，等．网络直播平台中弹幕用户信息参与行为研究——基于沉浸理论的视角［J］．情报科学，2017，35（10）．

［8］ 张薇，王红旗．网络语言是一种社会方言［J］．济南大学学报（社会科学版），2009，19（1）．

［9］ Abidin, C. , Ots, M. The influencer's dilemma: The shaping of new brand professions between credibility and commerce［C］. In: Communication presented at the Annual Conference of the Association for Education in Journalism and Mass Communication, San Francisco, CA, 6-9 August, 2015.

［10］ Alcántara-Pilar, J. M. , Barrio-García, S. D. , Porcu, L. A cross-cultural analysis of the effect of language on perceived risk online［J］. Computers in Human Behavior, 2013, 29（3）.

［11］ Arnold, H. C. B. Product placement during the family viewing hour［D］. Nashville: East Tennessee State University, 2006.

［12］ Batra, R. , Homer, P. M. The situational impact of brand image beliefs［J］. Journal of Consumer Psychology, 2004, 14（3）.

［13］ Brown, P. , Levinson, S. Politeness: Some universals in language usage［M］. Cambridge, England: Cambridge University Press, 1987.

［14］ Crystal, D. Internet and language［M］. Cambridge, England: Cambridge University Press, 2001.

［15］ del Mar Garcia, de los Salmones, M. , Dominguez, R. , Herrero, A. Communication using celebrities in the non-profit sector［J］. International Journal of Advertising, 2013, 32（1）.

［16］ Fleck, N. D. , Quester, P. Birds of a feather flock together definition, role and measure of congruence: An application to sponsorship［J］. Psychology & Marketing, 2010, 24（11）.

［17］ Fleck, N. , Korchia, M. , Roy, I. L. Celebrities in advertising: Looking for congruence or likability?［J］. Psychology & Marketing, 2012, 29（9）.

［18］ H. Ma, H. Mei. Empirical research on the decision-making influence factors in consumer purchase behavior of webcasting platform［C］//International Conference on Management Science and Engineering Management, Springer, Cham, 2018.

［19］ Hoegele, D. , Schmidt, S. L. , Torgler, B. The importance of key celebrity characteristics for customer segmentation by age and gender: Does beauty matter in professional football?［J］. Review of Managerial Science, 2016, 10（3）.

［20］ Hofstede, G. Motivation, leadership, and organization: Do American theories apply abroad?［J］.

Organizational Dynamics, 1980, 9 (1).

[21] Hsuan-Yi, Chou. Effects of endorser types in political endorsement advertising [J]. International Journal of Advertising, 2014, 33 (2).

[22] Huang, Y. Discussion on the influence of public figures in the dissemination of public service advertising [C] //International Conference on Arts, Design and Contemporary Education, 2015.

[23] Jin, S. A., Phua, J. Following celebrities' Tweets about brands: The impact of Twitter-based electronic word-of-mouth on consumers' source credibility perception, buying intention, and social identification with celebrities [J]. Journal of Advertising, 2014, 43 (2).

[24] K. Kang, Lu, J., Guo, L. et al. The dynamic effect of interactivity on customer engagement behavior through tie strength: Evidence from live streaming commerce platforms—Science Direct [J]. International Journal of Information Management, 2020 (5).

[25] Kahle, L. E., Homer, P. M. Physical attractiveness of the celebrity endorser: A social adaptation perspective [J]. Journal of Consumer Research, 1985, 11.

[26] Kamins, M. A. An investigation into the match-up hypothesis in celebrity advertising: When beauty may be only skin deep [J]. Journal of Advertising, 1990, 19.

[27] Kirkman, B. L., Lowe, K. B., Gibson, C. B. A quarter century of culture's consequences: A review of empirical research incorporating Hofstede's cultural values framework [J]. Journal of International Business Studies, 2006, 37 (3).

[28] Lee, J. G., Thorson, E. The impact of celebrity-product incongruence on the effectiveness of product endorsement [J]. Journal of Advertising Research, 2008, 48 (3).

[29] Leech, G. N. A linguistic guide to English poetry [M]. London: Longman, 1969.

[30] Lian, H., Ferris, D. L., Brown, D. J. Does power distance exacerbate or mitigate the effects of abusive supervision? It depends on the outcome [J]. Journal of Applied Psychology, 2012, 97 (1).

[31] Liu, S., Wen, X., Wei, L. et al. Advertising persuasion in China: Using Mandarin or Cantonese? [J]. Journal of Business Research, 2013, 66 (12).

[32] Marwick, A. "They're really profound women, they're entrepreneurs": Conceptions of authenticity in fashion blogging [C] //7th International AIII Conference on Weblogs and Social Media (ICWSM). Cambridge: ICWSM, 2013.

[33] McGuire, W. J. Attitudes and attitude change// Lindzey, G., Aronson, E. The Handbook of Social Psychology (3rd Ed.) [M]. New York: Random House, 1985.

[34] McQuarrie, E., Miller, J., Phillips, B. The megaphone effect: Taste and audience in fashion blogging [J]. Journal of Consumer Research, 2012, 40 (1).

[35] Misra, S., Beatty, S. E. Celebrity spokesperson and brand congruence: An assessment of recall and affect [J]. Journal of Business Research, 1990, 21 (2).

[36] Ohanian, R. Construction and validation of a scale to measure celebrity endorsers' perceived

expertise, trustworthiness, and attractiveness [J]. Journal of Advertising, 1990, 19 (3).

[37] Park, H. J. , Lin, L. M . The effects of match-ups on the consumer attitudes toward internet celebrities and their live streaming contents in the context of product endorsement [J]. Journal of Retailing and Consumer Services, 2020, 52.

[38] Schweitzer, F. , Belk, R. , Jordan, W. , Ortner, M. Servant, friend or master? The relationships users build with voice-controlled smart devices [J]. Journal of Marketing Management, 2019, 35 (7/8).

[39] Smith, P. K. , Trope, Y. You focus on the forest when you're in charge of the trees: Power priming and abstract information processing [J]. Journal of Personality and Social Psychology, 2006, 90 (4).

[40] Steinhart, Y. , Mazursky, D. , Kamins, M. A. The "temporal processing-fit effect": The interplay between regulatory state, temporal distance, and construal levels [J]. Social Cognition, 2013, 31 (3).

[41] Trope, Yaacov, Liberman et al. Temporal construal [J]. Psychological Review, 2003, 110.

[42] Wang, D. Guanhua, Guoyu, and Putonghua: Politics and "proper names" for standard language in modern China [J]. Chinese Studies in History, 2016, 49 (3).

[43] Winterich, K. P. , Gangwar, M. , Grewal, R. When celebrities count: Power distance beliefs and celebrity endorsements [J]. Journal of Marketing, 2018, 82 (3).

[44] Yu Hao. The analysis on public service advertisements based on Aristotle's rhetoric theory [C] // Northeast Asia International Symposium on Linguistics, Literature and Teaching, Yinchuan, 2016.

[45] Zhang, Y. , Winterich, K. P. , Mittal, V. Power distance belief and impulsive buying [J]. Journal of Marketing Research (JMR), 2010, 47 (5).

Can Officials Do Live-stream Selling like Wanghong?
— The Influence of the Identity and Language Style of the Endorser for
Public Welfare Live Streaming on Consumers' Purchasing Intention

Wu Si[1]　Wang Huiqi[2]　Long Fei[3]　Guo Ruijing[4]

(1, 2, 3, 4　Economics and Management School, Wuhan University, Wuhan, 430072)

Abstract: Public welfare live streaming is a new phenomenon in the era of mobile Internet. As a special spokesperson, how the identity and language style of officials affect consumers' psychological perception and purchase intention is rarely studied. Through empirical research, we find that the adoption of standard language by officials and the adoption of network language by Wanghong have a positive impact on consumers' purchase intention, and perceived matching plays a mediating role. Consumers' power distance belief has a moderating effect, and the above effects are still significant for consumers with high power distance. However, for consumers with low power distance, there is no significant difference in the impact of standard language or network language on consumers' perceived matching and purchasing intention, and Wanghong's adoption of network language is still more positive in consumers' perceived matching and purchasing intention.

Key words：Public welfare；Official；Perceived matching；Power distance

专业主编：寿志钢

珞珈 管理 评论

2022 年卷第 1 辑（总第 40 辑）

Luojia Management Review

No. 1, 2022 (Sum. 40)

"共买+共用"：共有消费的研究评述与未来展望[*]

● 冉雅璇[1]　李志强[2]　牛熠欣[3]　陈斯允[4]

（1，2，3　中南财经政法大学工商管理学院　武汉　430073；4　暨南大学管理学院　广州　510632）

【摘　要】共有消费是多位消费者一起购买、使用、体验和分享产品的消费形式。尽管共有消费行为与相关情景变得越发频繁，但是有关共有消费的概念还相对混淆、研究还相对不足。鉴于此，文章首先梳理了共有消费的概念内涵，提炼了"共买"和"共用"两个要点，并与其他多人参与的消费——集体购买、协同消费、共享消费进行了概念区分和厘清。进而，文章从参与阶段、决策阶段和评价阶段三个方面，系统性回顾了共有消费的现有研究，梳理了相关心理机制。最后，文章从共有消费模式的细分、群体决策与个体决策间的心理偏差、新媒体背景下的研究方法拓展和营销启示四个角度进行了未来研究展望。

【关键词】共有消费　集体决策　多人消费

中图分类号：C93　　　文献标识码：A

1. 引言

共有消费（joint consumption）是消费者在家庭、社交、工作中一种常见的消费模式（Wu et al.，2019）。在共有消费过程中，人们可以一起购买、使用、体验和分享产品，如多人集体赠送礼物、多人集资聚餐等。在营销实践中，越来越多的企业设计和实施鼓励共有消费的活动。例如，可口可乐推出"分享快乐"特别装，强调两个人共同购买才能打开瓶盖；中国移动推出"家庭套餐"活动；苹果公司提供多人共享的云服务。

尤其是，在共享经济（sharing economy）时代背景下（Belk，2010），随处可及的网络和多样化的共享平台为多位消费者提供了能共同参与的商业服务（Lamberton & Rose，2012；Bardhi &

──────────

＊ 基金项目：国家自然科学基金项目（项目批准号：71802192，71802194）；教育部人文社会科学项目（项目批准号：18YJC630137）；中央高校科研培育专项（项目批准号：2722021EK033）。

通讯作者：陈斯允，E-mail：chensiyun2016@163.com。

Eckhardt，2017；Lamberton & Rose，2012；Aspara & Wittkowski，2019），使共有消费的相关情景越发普遍频繁。然而，现有对这一消费形式的研究还相对局限。第一，共有消费的构念还不明晰，与其他消费类型在概念上的边界模糊不清，关于共有消费的具体内涵还缺乏一个清晰的框架。第二，尽管共有消费研究文献逐年增长，但其总体研究数量仍相对有限，现有的消费者行为研究仍以个体决策为主导（Simpson et al.，2012）。第三，国内研究对共有消费现象的关注还处于起步阶段，相关研究还较为缺乏。基于共有消费的前沿性和热点性，本研究从共有消费的内涵、参与阶段、决策阶段和评估阶段四个方面，对共有消费的现有研究进行整合和梳理，并提出未来可能的研究方向。

2. 共有消费的内涵

现有文献有关"共有消费"这一概念的定义存在两种观点：一类研究从产品数量出发，将其定义为一个消费者同时购买多个产品的情境（Rahinel & Redden，2013；Park & Nicolau，2015），如 A 去超市购买了洗发水、巧克力、酸奶三种产品；另一类研究从消费者数量出发，将共有消费定义为多名消费者同时参与一项消费过程的情境（Liu & Min，2020；Etkin，2016；Yang et al.，2015），如 A 和 B 一起点餐吃饭。本研究聚焦于第二种情境，即两位或两位以上消费者共同参与一项消费的情境（Liu & Min，2020；Etkin，2016；Yang et al.，2015）。

学者们主要将共有消费作为一种研究背景，其定义并不完全统一，但存在一些共同要素。本文通过梳理文献发现，共有消费的内涵主要有两个关键特征。第一，"共买"——多个消费者共同拥有同一件商品或服务的经济所有权。共有消费强调多位消费者对于所购买的商品或服务有投入或付出，从而共同拥有经济上的所有权（ownership）。第二，"共用"——多个消费者共同使用和支配同一件商品或服务。在共有消费领域，已有研究探讨了消费者共同进行享乐型消费（Etkin，2016；Yang et al.，2015）、共同用餐（Clauzel et al.，2019；Liu & Min，2020）、共同进行道德行为决策（Nikolova et al.，2018）等共有消费情境，均强调了"共用"的关键属性，即多位消费者均会使用该产品或服务及相关决策过程。

基于"共买"——所有权人数和"共用"——消费人数两个维度，共有消费的内涵与其他消费情境形成了本质区别，具体对比见表 1。第一，单独消费指一个人购买，然后自己使用商品或服务的消费情境，与强调多人参与的共有消费完全相反。第二，集体购买（group buying）又称为团购，强调多位认识或不认识的消费者联合起来，加大与商家的谈判能力，以求得最优价格的一种购物方式（Jing & Xie，2011；Luo et al.，2014）。在集体购买中，消费者各自购买需求产品，所有权为自己所有，与共有消费中的"共用"属性不一致。第三，协同消费（collaborative consumption）虽然是指两个及以上的个体共同消费商品或服务的过程，如共享单车，但是不强调负责经济所有权的人数（Lamberton & Rose，2012），与共有消费的"共买"特征不一致。第四，共享消费（shared consumption）指消费者共同协调商品或服务等资源的获取、分配，把一个或部分人的商品或服务分享给他人使用，其中隐含的意义是转让使用权但所有权本质上不变（Belk，2010；Roos & Hahn，

2017），属于"单买共用"的消费场景，与共有消费不同。此外，共有消费也更加强调消费者一起展开商品或服务的共同消费形式，即在商品或服务的获取和分配环节上进行共同决策（joint decision）（Liu et al.，2019；Belk，2014）。由此可见，虽然不同消费形式具有相近含义，但是共有消费在"共买共用"的本质上与其他消费形式存在严格的差异。

表 1
共有消费与相关概念的区分

概念	区分维度			举 例	研 究 举 例
	参与人数	所有权人数	使用权人数		
单独消费	一人	一人	一人	一个人独自购买啤酒、独自喝酒	Gorlin 和 Dhar（2012）、Simpson 等（2012）
集体购买	多人	一人	不强调	一群人组团购买啤酒，各自买一瓶并获得折扣	Jing 和 Xie（2011）、Luo 等（2014）
协同消费	多人	不强调	多人	同一张消费折扣卡被提供给多人独立使用	Aspara 和 Wittkowski（2019）、Bardhi 和 Eckhardt（2017）、Lamberton 和 Rose（2012）
共享消费	多人	一人	多人	某人为一群人购买啤酒，分享给他人饮用	Belk（2010；2014）、Delre 等（2015）、Roos 和 Hahn（2017）
共有消费	多人	多人（共买）	多人（共用）	一群人共同购买啤酒，共同享用啤酒	Clauzel 等（2019）、Etkin（2016）、Liu 等（2019）、Liu 和 Min（2020）、Wu 等（2019）、Yang 等（2015）

资料来源：作者整理得到。

鉴于共有消费"共买共用"的内涵，消费者在此形式下的心理活动和行为模式会产生相应的变化。一方面，参与个体要权衡自身的成本投入和利益所得，并在共担费用的情形下寻求最大化的个人偏好表达，以期充分反映至集体决策的结果。另一方面，个体与其他利益相关成员之间围绕消费决策展开互动，并在群体的关系规范下（Schaefers et al.，2016；Simpson et al.，2012）表现出为他人考虑的倾向。此外，参与共有消费的成员具有更高的群体身份意识（Liu et al.，2019），意味着成员也会做出与群体身份相匹配的消费选择。本文据此认为，对共有消费的研究将有助于更好地理解消费者决策心理的独特性，并对消费者的行为效应予以精确解释，进而为集体消费领域作出理论贡献。在移动社交媒体流行的当下，共有消费的途径向线上（虚拟产品）转变、消费群体规模逐渐扩大、成员关系结构越发多元化。而从共有消费的特性出发，我们能够迅速厘清这一趋势下的消费者心理机制和行为规律，并在现有研究框架上增加新的要素以适应各种实践情景，最终为营销人员提供更加精确的实践指导。

3. 共有消费的研究框架

为了系统性回顾共有消费研究，本文将基于参与、决策和评价三个阶段对共有消费的影响因素与影响结果展开论述：一是共有消费的参与阶段，学者们主要探讨人们参与共有消费的影响因素；二是决策阶段，学者们探讨共有消费的决策结果及其相应的影响因素；三是评价阶段，已有研究旨在分析在共有消费后参与个体的评价与满意度。为了系统地回顾共有消费研究，本文对现有研究结论进行了整合，如图 1 所示。

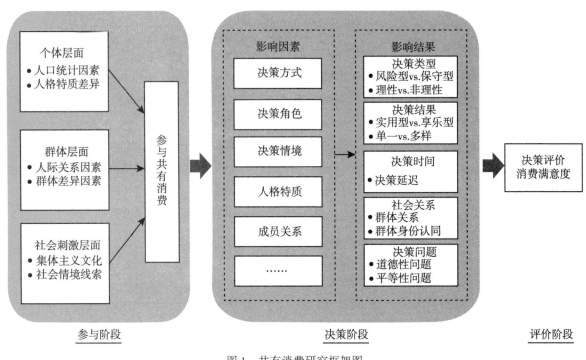

图 1 共有消费研究框架图

4. 共有消费的参与阶段

作为一项消费活动，消费者参与共有消费的意愿有高有低。现有研究已探讨过个体、群体和社会层面因素对消费者参与共有消费意愿的影响。

4.1 个体层面

在个体层面上，人口统计变量和个体人格特质会影响参与共有消费的动机。

（1）人口统计因素：性别因素和经济水平差异。一般而言，相比男性，女性对群体的归属动机更强烈，因此参与共有消费的意愿更高。但是，女性个体在决定是否参与共有消费时也更加迟疑、犹豫，原因在于女性注重群体评价，会对共有消费可能带来的负面评价更加敏感（Ran et al.，2018）。另外，共有消费的"共买"属性体现了成本分摊，可以节约经济成本，因此经济水平较低的个体一般会对共有消费表现出更高的参与意愿（Cavanaugh，2016；Lamberton & Rose，2012）。

（2）人格特质因素：自尊水平和自我建构类型。自尊（self-esteem）是指个体对自我价值和能力进行评估而感到自豪和自信的程度（Aberson et al.，2000）。通常来讲，低自尊个体比高自尊个体更容易产生社交焦虑。共有消费具有较高的社交属性，人们在共有消费中需要和其他人进行互动和交流，因此相比高自尊个体，低自尊个体会对共有消费表现出更低的参与意愿（Ran et al.，2018）。另外，作为一种关键的社交人格特征，自我建构（self-construal）也会影响人们参与共有消费的意愿。自我建构是指人们如何感知自己与他人的关联程度，分为独立型自我建构和互依型自我建构两种类型。相较于互依型自我建构，独立型自我建构的个体通常把自我看作是独立存在的，具有较低的群体归属动机，因此会表现出更低的共有消费参与意愿（Markus & Kitayama，1991）。

4.2　群体层面

在群体层面上，人际关系和群体特征会左右个体对共有消费的参与。

（1）人际关系因素：情感维系意愿和关系亲疏。提升成员间的熟悉度和忠诚度等关系质量是维持共有消费方式的重要推动力，因此情感维系意愿越强烈，共有消费参与意愿越高（Cavanaugh，2016；Epp et al.，2014；Etkin，2016）。例如，在群体关系初期阶段，人们有更高的关系建立动机，从而会更积极参与集体活动和共有消费；而在群体关系后期阶段，群体的情感维系不足，从而弱化共有消费参与。同时，群体内部关系越亲近，共有消费参与意愿越高。具体而言，相较于外部群体（如陌生人），个体与内部群体（如亲人）更易产生共有消费行为（Belk，2010）。

（2）群体特征因素：群体信念差异和群体结构。群体信念差异指群体中个体认知的差异程度，群体信念差异往往会带来较高的沟通成本，从而抑制个体参与共有消费（Liu et al.，2019；Yang et al.，2015）。此外，小群体往往会比大群体展现出更强的凝聚力、吸引力，使群体内成员参与共有消费的可能性更高（Chamberlin，1974）。

4.3　社会层面

文化氛围和情境线索会影响共有消费的参与。

（1）集体主义文化。与强调松散和独立的个人主义文化相对，集体主义文化营造的是一种紧密的社会结构，关注社会关系和社会规范。有研究发现，集体主义文化会提升个体参与共有消费的意愿。例如，在高集体主义文化环境中，个人幸福感通常受到与他人相互关系的影响，个体将自身视为与集体密不可分的一部分（Markus & Kitayama，1991），从而强化共有消费的参与意愿。

（2）社会情境线索。与群体身份相关的情境线索会影响个体的共有消费参与意愿。例如，在节日线索提醒下，个体参与共有消费的意愿会更加强烈（Gorlin & Dhar, 2012）；产品的享乐线索刺激（如电影、游乐园）也对个体参与共有消费的意愿有积极影响（Etkin, 2016；Ratner & Hamilton, 2015；Yang et al., 2015）。

5. 共有消费的决策阶段

在共有消费中，个体会因为不同因素的影响而展现出不同的决策。本研究从决策类型、决策结果、决策时间、社会关系、决策问题五个角度梳理共有消费的效应。

5.1 决策类型

5.1.1 风险偏好型 vs. 风险厌恶型

总体而言，共有消费（vs. 单独消费）会使消费者更加偏好风险。解释水平理论（construal level theory）、调节定向理论（regulatory focus theory）和风险转移理论（risk transfer theory）为其提供支撑。

解释水平理论认为，个体与事物的心理距离远近影响人们对事物的表征。具体而言，对于近距离事物，人们倾向于采用低水平解释，着眼于事物边缘、细节、情境化的局部特征；对于远距离事物，则是强调事物本质、核心、抽象化的整体特征（Liberman & Trope, 2014）。如同感知一片景色，近看聚焦于细微的动物植物，远看则更多着眼于色彩轮廓。相比单独消费，在共有消费中，"共买"和"共用"需要考虑他人需求，个体和社会的心理距离更远，因此更有可能采用高水平解释，进而影响其消费行为（Polman & Emich, 2011）。例如，由于高解释水平有利于促进想法的发散，在共有消费（vs. 单独消费）中，人们可能更具有创造性，更可能选择更具独特性或新的产品（Polman & Emich, 2011）。又如，由于高解释水平使人们更加关注整体，共有消费（vs. 单独消费）中的人们更有可能搜索额外选项，而不是在固定选项中搜索额外属性（Liu et al., 2019）。因此基于解释水平理论，共有消费（vs. 单独消费）情境下的消费者往往因为采用高水平解释心理，从而更加偏好诸如新产品、额外选项之类的风险决策。

由于都是基于心理距离做出的理论拓展，调节定向理论和解释水平理论相互关联（Mogilner et al., 2008；Pennington & Roese, 2003）。调节定向理论提出了个体在决策过程中两个基础的目标导向：促进定向（promotion focus）和预防定向（prevention focus）。促进定向的个体对积极结果更加敏感，而预防定向的个体则对消极结果更加敏感（Crowe & Higgins, 1997；Higgins, 2000）。Polman 和 Emich（2011）提出，个体在为自己做选择时多为预防定向，而在为他人做选择时多为促进定向。基于该理论，共有消费（vs. 单独消费）中的个体通常更倾向于更加冒险的促进定向选择。

风险转移理论提出，群体决策的动机是最小化个体决策的物质和心理负担，原因在于决策的风险能够实现分散和转移（Zein et al., 2019）。共有消费模式中，个体间通常"共买"和"共用"，分享决策的积极结果、分担消极结果，通过贯穿整个消费过程的"我们"模式，形成联合责任承担的感觉（Dewey et al.，2014；Epp et al.，2014；Shupp & Williams，2010）。这种联合承担的感觉受到个体对群体身份认同程度的调节：当个体对共有消费群体的身份认同较低时，其对集体的责任意识有所分散，因此更加偏好风险性的共有消费决策（如投资性质的消费活动、尝试全新的餐厅和菜式）；但当个体对共有消费群体有较高的身份认同感时，其责任意识分散程度较低，反而更加厌恶风险，并倾向于保守的消费选择。

除此之外，性别的交互作用对共有消费的风险偏好存在影响。例如，当参与者存在男性时（如男—女和男—男搭配），人们在共有消费中会启动竞争动机，会使决策更加冒险（Nikolova & Lamberton，2016）。

5.1.2 理性消费 vs. 非理性消费

共有消费的理性（vs. 非理性）并没有特定的结论，因为其受到共有消费参与者的个人特质，尤其是不同共有消费者间个人特质的交互影响。首先，个体间自控程度的交互作用影响共有消费的理性程度。一般而言，仅当群体均为高自控个体时，共有消费才会更"理性"，即决策过程更加谨慎且关注长远的目标利益（如健康但不美味的餐饮/节省花销）；而当参与者中任意一位个体为低自控时，共有消费将更加"放纵"，即更关注即时的利益满足感（如美味但高热量的餐饮或过度花销）。其原因在于，高自控个体虽然会更加理性且自律，但与低自控个体在一起进行共有消费时，他们会更关注长期目标即与低自控个体的关系，而非短期目标——当下消费的健康或节省程度，从而导致更放纵的消费决策（Dzhogleva & Lamberton，2014）。其次，个体自信的交互作用也存在影响。高自信成员在群体决策中越占据主导地位，其他成员对其盲目的依赖就越容易导致决策偏离，比如使决策更加冲动（Koriat，2012）。最后，单纯的群体成员间的决策博弈，也会导致共有消费走向非理性。一种博弈是共有消费者之间的社会价值取向（如个人主义、竞争性、消费偏好）不同，导致最终消费的数量和金额极化（Poncela-Casasnovas et al.，2016）；另一种博弈是基于群体关系的视角，为了增强成员间的情感联系，共有消费（vs. 单独消费）更倾向于进行非理性消费（Lowe & Haws，2014）。

5.2 决策结果

5.2.1 共有消费影响决策结果的类型

相比单独消费，个体在共有消费中倾向于选择享乐型产品或服务。原因在于，共有消费启动了关系维系的场景动机，使参与成员更追求消费过程的情绪性体验，而情感型产品比功能性产品更能调动参与成员的情绪体验（Cavanaugh，2016；Garcia-Rada et al.，2019）。

5.2.2 共有消费影响个体决策结果的多样性

在共有消费过程中，个体、群体以及社会文化层面的因素会影响决策结果的多样性（如多类消费活动 vs. 一类消费活动），具体如下：

（1）在个体层面，人们在替他人决策（vs. 自我决策）时表现出更低的自控倾向，更偏好丰富的、多样化的决策选项（Laran, 2010）。

（2）在群体层面，情感关系的预期相处时长（如预期约会七天 vs. 一天）会影响人们的兴奋程度，进而影响人们在共有消费决策中的多样性选择（Etkin, 2016）。Etkin（2016）发现，对于长时间（vs. 短时间）的约会安排，人们往往会偏好类型更加丰富的消费活动。

（3）在社会文化层面，集体主义文化（vs. 个人主义文化）下，共有消费会表现出更低的多样化选择。原因在于集体主义文化相比个人主义文化更强调群体一致性规范（Song et al., 2011）。

（4）共有消费中的决策方式（如匿名性、偏好平衡策略）也会影响共有消费对象的多样性选择结果（Ariely & Levav, 2000）。例如，Gorlin 和 Dhar（2012）提出两种共有消费的决策方式，一是"均衡法"，即所有参与人员均加入决策，并根据消费决策任务的不同层次（如专业程度）来划分话语权；二是"轮流制"，即少数参与人员加入决策，每次共有消费的主要话语权归属不同的成员。Gorlin 和 Dhar（2012）指出，相比少数人参与决策的"轮流制"，人人参与决策的"均衡法"会导致更高的多样化。

5.3 决策时间

相对于单独消费，共有消费是一个依赖于多人决策并融合多方意见的过程，意见的"冲突"与解决是多人决策情形中的常态。因此，共有消费（vs. 单独消费）会拖慢决策效率，甚至可能导致决策延迟或终止（Gorlin & Dhar, 2012）。共有消费中的决策延迟受到个体特质和群体结构因素的影响，具体而言：（1）相比互依型自我建构的成员，独立型自我建构的参与成员往往更不愿意妥协，从而容易导致共有消费决策的延迟或终止（Nijstad & Oltmanns, 2012）。（2）当共有消费群体中的成员异质性程度较高时，群体为达成共同的决策目标无疑将投入更高的时间和精力，从而延长决策时间甚至导致整个消费决策"不欢而散"（Nijstad & Oltmanns, 2012）。

5.4 社会关系

共有消费有助于加强群体成员间的社会关系。基于共有消费的特征——"共买"和"共用"可知，群体成员共同参与一项消费体验，在消费过程中了解彼此、交流情感，这一系列的人际互动可以促进参与成员逐渐形成相似的消费习性以及更加融洽的关系（Cavanaugh, 2016；Ramanathan & McGill, 2007）。Lowe 和 Haws（2014）发现，当共有消费的参与成员表达出共同的偏好或达成相对一致的决策意见时，成员之间的信任关系和情感依恋会随之增强。同时，在共有消费情境下，消费群体成员之间存在不同程度的利益关联，成员间更容易形成群体身份认同（Liu et al., 2019）。

5.5 决策问题

除了上述的常规消费决策和内容，共有消费下的决策问题体现于决策的道德性问题和平等性问题。具体而言，决策行为的道德性问题是指消费群体和成员可能实施有损其他成员利益或决策系统以外人员利益的行为（Lowe et al.，2019）；平等性问题是指参与成员在产品或服务的决策、获取以及享用阶段所存在的"投入"与"收益"不对等的现象（Liu & Min，2020；Simpson et al.，2012）。

5.5.1 道德性问题："搭便车"现象和不道德决策

在共有消费中，一些社会成员试图投入更少却与他人享受同等待遇，即"搭便车"（free riding）现象（Fischbacher & Gaechter，2010）。Fischbacher 和 Gaechter（2010）认为，共有消费为个人提供了"占群体便宜"的机会，而这些"不完美的合作者"最终导致公共消费品领域中的共有消费模式非常脆弱。

同时，在共有消费中，群体成员还会通过诉诸不道德行为（如排挤贡献不足的成员）来增强群体内的成员联系以及群体归属感（Thau et al.，2015）。甚至相比单独消费，共有消费更容易导致不道德行为（Lowe et al.，2019）。此外，对于这两种道德性问题，成员关系类型（内群体 vs. 外群体）、成员的社会责任意识（高 vs. 低）对群体的不道德决策行为起到不同程度的约束作用（Lowe et al.，2019；Thau et al.，2015）。例如，相比熟悉的内群体成员，不熟悉的外群体成员个体更容易启动关系建立动机，从而更可能诉诸不道德的共有消费行为来增强群体成员的关系。

5.5.2 平等性问题

纵然共有消费强调"共买+共用"的公平性，参与成员也对共有消费模式抱有平等投入、平等共享的预期，但实际上在共有消费的三个主要阶段——决策、获取和使用，分别存在着不同形式的平等性问题。

（1）在决策阶段，成员之间在表达偏好的意愿和程度上存在不平等现象。在个体层面，性别（Yang et al.，2015）、自我监控（self-monitoring）水平（Yang et al.，2015）、自尊水平（McFarlin & Blascovich，1981）、自我建构差异（Wu et al.，2019）等均会影响个体对偏好的表达意愿和表达程度。例如，相比男性，女性会在共有消费中更少展现自我偏好，因为女性比男性更注重群体关系（Yang et al.，2015）。在群体层面，社会影响力或话语权越高的成员越容易在偏好表达上占据主动优势，从而压制其他成员的表达空间（Simpson et al.，2012）。Liu 和 Min（2020）研究发现，共有消费的决策者之间存在"征询方"和"回应方"的角色划分。具体而言，"征询方"专注于决策任务的解决，在意见和偏好表达中常常占据主导位置；而"回应方"出于印象管理目的更多地选择附和他人的想法。因此，虽然看似"征询方"只是在询问问题、"回应方"在表达偏好，然而决策结果却会更多地反映"征询方"的偏好。

（2）在产品的获取阶段，消费成员间存在投入不平等的问题。一方面，成员间的关系强度（如强关系 vs. 弱关系）、关系类型（如朋友、夫妻）、文化背景（如集体主义 vs. 个体主义）等要素会导致部分消费成员自主承担与其他成员"不对等"的投入。另一方面，诸如"搭便车"等不道德心理同样会引发不平等的投入，并且会进一步损害其他成员的利益（Fischbacher & Gaechter，2010）。Gneezy 和 Yafe（2004）在探讨共有消费的支付问题时提出，共有消费的 AA 制支付形式会引发参与个体的自私动机，从而导致过度消费，并引发不对等的产品使用和投入（如借助共有消费购买私人产品）。

（3）消费情景和消费对象类型会导致使用阶段的不平等。Simpson 等（2012）认为特定的日期、事件也会导致使用环节的不平等。例如，在共同庆祝生日或升职的情境，主角自然享有更多的产品支配权。

6. 共有消费的决策后阶段

一般而言，共有消费有助于提升成员的满意度。相比单独决策行为，群体决策能够极大地提升成员的信心和实际表现（Schultze et al.，2019），也能增加个体在消费时的幸福感（Hu & Ye，2020），促进再次参与意愿。有趣的是，在某些特定情境下共有消费反而会降低消费满意度。当共有消费遇到参与成员存在偏好冲突的状况时，"冲突"的解决方案会直接影响决策效果和成员的消费感受。例如，单方面妥协或折中选择都有可能降低消费满意度（Simpson et al.，2012）。与决策过程类似，群体成员组成同样也会影响共有消费满意度。与直觉相反，当决策参与者都为利他导向（vs. 利他—利己导向搭配，或都为利己导向）时，参与者对消费满意度最低（Lowe et al.，2019）。此外，积极或消极的共有消费评价会受到个体特征（如共情能力）和群体关系的调节。其中，Liu 和 Min（2020）指出，高共情个体（vs. 低共情个体）更能理解他人感受和决策，共有消费中的冲突对其满意程度的负面影响将更小。相比大群体，小群体会更加紧密、团结，同样也可以弱化共有消费中冲突的负面作用（Ratner & Hamilton，2015；Ramanathan & McGill，2007）。

7. 未来展望与营销启示

作为一种重要的消费模式，学界对共有消费的关注尚不足，且在理论和方法上缺乏系统性研究。因此，本文提出未来研究应关注共有消费模式的细分、跨文化情景下的共有消费对比、新媒体背景下的研究方法拓展和营销启示话题。

7.1 基于共有消费的未来展望

7.1.1 共有消费模式的细分与分析

当前有关研究仍将共有消费作为一个整体来讨论，而依据相关维度可以对共有消费进一步细分，并分别展开深入分析。依据决策参与人数，共有消费可以进一步划分为单边决策型共有消费（由一人代理群体做消费决策，unilateral choice）和群体决策型共有消费（由参与成员共同讨论消费决策，joint choice）。已有研究表明，消费者参与群体决策的心理机制与单独为群体制定决策的心理机制存在差异，例如，个体为集体决策的过程受到自我构念和群体规模的双重影响（Wu et al.，2019），从而在自我与他人偏好的权衡上有不同侧重；而群体决策环境下的个体能充分表达偏好，使决策结果相对"均匀"（Liu & Min, 2020）。

对于单边决策型的共有消费，可以探讨消费者的心理机制及其潜在的决策结果。以往的研究大多表示，个体为他人决策会有更高的责任意识和品质展现的动机，使决策结果偏向保守和倾向他人意愿。而根据 Liberman 和 Trope（2014）的心理距离（psychological distance）理论，个体对决策对象的偏好和评估受个体与决策相关人之间的社会距离的影响，距离越远（即偏离自我概念中心）越关注次要的理想化的决策结果。在未来可进一步检验，当消费者对自我偏好的注意力转向他人/群体偏好，其在代理决策时是否会倾向有趣新颖和不计代价（vs. 具体且实际可行）的方案（Lu et al., 2013）。

对于群体决策型的共有消费，本文进一步提出，消费者的决策偏好是否会反映至共有消费的结果可能受成员关系、群体规模（冉雅璇等，2017，2020）和消费情景等关键因素的影响。传统研究探讨了部分要素在单边决策的共有消费情景中的作用，可进一步探讨这些要素在群体共同决策的情形下对决策结果、消费风格和消费内容的调节作用。

7.1.2 跨文化情景下共有消费的对比研究

虽然有少量研究探索了集体主义 vs. 个人主义在共有消费中的作用，但仍基于西方文化和市场经济背景，而共有消费本身具有强烈的文化差异。首先，不同文化下人们对共有消费的偏好存在差异，人们在选取共有消费的参与伙伴时也会受到文化的影响（Epp & Price, 2008）。相较于追求自我表达和个人成就的西方人，中国人关注"圈子"和"关系"，渴望获得群体身份和群体认同，对共有消费有更强烈的参与意愿。尤其在节日或重要日期（如春节、毕业日），中国人更加希望通过共有消费彰显意义感和存在感（Belk, 2010）。其次，不同文化下人们在共有消费中的决策也会有所不同。以决策风格为例，西方人更加注重个性表达和公平氛围，在共有消费中会倾向于积极表达诉求，而中国人受儒家文化和佛教的影响，更强调"尊卑有别""礼者敬人"的群体规范，会在共有消费中表现更加谦虚、谨慎。再次，文化还会影响人们对共有消费的评价。中国的很多哲学和文化都建立在人与人、人与自然和谐统一的基础上。在群体互动中，中国人强调"缘"（Cheng & Yau, 2006），包括两类态度——"惜缘"和"随缘"。受到"惜缘"的影响，人们会对积极的共有消费持维系意愿，愿意"再续前缘"；而对于消极的共有消费，人们会抱有"随缘"的想法而弱化负面评价。可见，由于"缘"信念的影响，中国人会呈现出与西方人不同的共有消费评价模式。因此，未来研究可以对比东西方文化背景下的共有消费差异。

7.1.3 共有消费模式的研究方法

从研究方法看，现有研究大多借助科学实验设计和案例分析的方法来讨论共有消费下的消费者行为。鉴于新媒体技术对共有消费形式的改变（消费情景集中线上、群体规模扩大和群体关系多元化），参与成员的数字化信息、消费数据以及非结构化数据（如文本、图像、视频）越发庞大和可及，进而为共有消费的决策偏好、过程提供了全新的研究材料。对此，未来可以从以下两方面拓展传统共有消费的研究路径：一是通过网络社交平台（如微博"凑单"小组、"拼单"App），大规模爬取人们的态度、想法和评价等历时的数字信息，借助机器学习的方法（如自然语言处理、分类算法、数据挖掘）处理非结构化信息，从而提炼消费者的认知和行为表征，探索新的消费现象；二是根据数字化信息探索共有消费活动在决策后阶段的效应，延伸以往研究所关注的消费阶段（参与和决策）。例如，共有消费活动对线上消费品的传播规律的影响。Delre 等（2015）模拟了消费者参与分享型消费（shared consumption）对电影生命周期的影响，揭示了群体消费模式下的虚拟享乐品呈现倒 U 形的线上传播规律。因此，未来研究可以从新媒体环境出发，借助消费者的线上行为数据和社交网络，分析共有消费情景下的产品及品牌在顾客评价、口碑传播、品牌依恋等后效阶段的表现。

7.2 基于共有消费的营销启示

（1）从参与阶段来看，消费者选择共有消费的动机之一即以较低的成本获得产品的部分所有权。这一点与团购的商业形式相似，商家的集体促销和团体优惠策略能吸引潜在消费者转而选择集体消费的方式。为此，商家应该在促成单独消费者集合成群体单位的路径，即寻找消费伙伴上提供引导，如搭建线上交流社区。由于内群体更易产生共有消费的倾向，商家应对社区群成员的身份背景进行筛选，维持成员间相近的特征。

（2）就决策类型而言，商家应该洞察共有消费群体内的成员关系以及群体决策目标，进而制定差异化的宣传策略。首先，在消费成员未形成明确的消费对象时，易展现更高的风险偏好，相应启发商家选择推介新产品或小众型商品。反之，商家应该选择大众化或稳健型产品系列作主要宣传。其次，成员结构的分布能为营销策略提供参考。例如，在消费群体规模较大、消费成员异质性较高的情景，商家应有意识地对群体的冲动、过度消费等非理性选择（Lowe & Haws, 2014）提供应对方案，在引导消费的同时控制浪费现象。

（3）就决策结果而言，其一，一众研究表明"人人参与"的共有消费方式易激发消费者的多样化选择（Etkin, 2016; Gorlin & Dhar, 2012; Laran, 2010），相应地启发商家推介联合产品选购方案（套餐业务）并适当丰富产品内容。其二，共有消费的集体决策大多以享乐型、情感型产品为主（Garcia-Rada et al., 2019），但也受成员关系的影响。例如，朋友之间的共有消费激发促进导向的消费目标，而与家人在一起激发预防导向的目标，使消费选择更加保守实用。这启发营销者应根据成员关系的类型推介相应的产品。

（4）道德性和平等性问题是参与共有消费的一大阻碍，这启发营销者可以适当融入群体决策的过程，协调消费者之间的顾虑和摩擦。尤其是，成员之间在如何权衡成员偏好、如何分担费用和分配使用的问题上存在一定难度和模糊性。营销人员或许可以根据成员的结构和偏好诉求等信息，额外为其提供参考方案，以期帮助群体提高决策效率和满意度。

◎ 参考文献

［1］冉雅璇，刘佳妮，张逸石，卫海英 ."一"人代言的魅力：品牌代言人数如何影响消费者的品牌态度［J］. 心理学报，2020, 52（3）.

［2］冉雅璇，卫海英，Maglio，S. J.，黄敏，李清 . "单枪匹马"还是"人多势众"——企业道歉者人数对消费者宽恕的影响［J］. 南开管理评论，2017，20（4）.

［3］Aberson，C. L.，Healy，M.，Romero，V. Ingroup bias and self-esteem：A meta-analysis［J］. Personality & Social Psychology Review，2000，4（2）.

［4］Ariely，D.，Levav，J. Sequential choice in group setting：Taking the road less traveled and less enjoyed［J］. Journal of Consumer Research，2000，27（3）.

［5］Aspara，J.，Wittkowski，K. Sharing-dominant logic？Quantifying the association between consumer intelligence and choice of social access modes［J］. Journal of Consumer Research，2019，46（2）.

［6］Bardhi，F.，Eckhardt，G. M. Liquid consumption［J］. Journal of Consumer Research，2017，44（3）.

［7］Belk，R. Sharing［J］. Journal of Consumer Research，2010，36（2）.

［8］Belk，R. Sharing versus pseudo-sharing in Web 2. 0［J］. Anthropologist，2014，18（1）.

［9］Cavanaugh，L. A. Consumer behavior in close relationships［J］. Current Opinion in Psychology，2016，10.

［10］Chamberlin，J. Provision of collective goods as a function of group size［J］. American Political Science Association，1974，68（2）.

［11］Cheng，S.，Yau，O. Yuan：The case of Chinese pop songs［J］. Asia Pacific Management Review，2006，11（5）.

［12］Clauzel，A.，Guichard，N.，Riché，C. Dining alone or together？The effect of group size on the service customer experience［J］. Journal of Retailing and Consumer Services，2019，47.

［13］Crowe，E.，Higgins，E. T. Regulatory focus and strategic inclinations：Promotion and prevention in decision-making［J］. Organizational Behavior & Human Decision Processes，1997，69（2）.

［14］Delre，S. A.，Broekhuizen，T. L. J.，Bijmolt，T. H. A. The effects of shared consumption on product life cycles and advertising effectiveness：The case of the motion picture market［J］. Journal of Marketing Research，2015，53（4）.

［15］Dewey，J. A.，Pacherie，E.，Knoblich，G. The phenomenology of controlling a moving object with another person［J］. Cognition，2014，132（3）.

［16］Dzhogleva，H.，Lamberton，C. P. Should birds of a feather flock together？Understanding self-control decisions in dyads［J］. Journal of Consumer Research，2014，41（2）.

［17］Epp，A. M.，Price，L. L. Family identity：A framework of identity interplay in consumption practices［J］. Journal of Consumer Research，2008，35（1）.

［18］Epp，A. M.，Schau，H. J.，Price，L. L. The role of brands and mediating technologies in assembling long-distance family practices［J］. Journal of Marketing，2014，78（3）.

［19］Etkin，J. Choosing variety for joint consumption［J］. Journal of Marketing Research，2016，53（6）.

［20］Fischbacher，U.，Gaechter，S. Social preferences，beliefs，and the dynamics of free riding in public good experiments［J］. American Economic Review，2010，100（1）.

［21］ Garcia-Rada, X. , Anik, L, Ariely, D. Consuming together（versus separately）makes the heart grow fonder ［J］. Marketing Letters, 2019, 30（3）.

［22］ Gneezy, U. , Yafe, H. H. The inefficiency of splitting the bill ［J］. The Economic Journal, 2004, 114（495）.

［23］ Gorlin, M. , Dhar, R. Bridging the gap between joint and individual decisions: Deconstructing preferences in relationship ［J］. Journal of Consumer Psychology, 2012, 22（3）.

［24］ Higgins, E. T. Making a good decision: Value from fit ［J］. American Psychologist, 2000, 55（11）.

［25］ Hu, M. , Ye, W. Home ownership and subjective well-being: A perspective from ownership heterogeneity ［J］. Journal of Happiness Study, 2020, 21.

［26］ Jing, X. , Xie, J. Group buying: A new mechanism for selling through social interactions ［J］. Marketing Science, 2011, 57（8）.

［27］ Koriat, A. When are two heads better than one and why? ［J］. Science, 2012, 336（6079）.

［28］ Lamberton, C. , Rose, R. When is ours better than mine? A framework for understanding and altering participation in commercial sharing systems ［J］. Journal of Marketing, 2012, 76（4）.

［29］ Laran, J. Goal management in sequential choices: Consumer choices for others are more indulgent than personal choices ［J］. Journal of Consumer Research, 2010, 37（2）.

［30］ Liberman, N. , Yaacov Trope. Traversing psychological distance ［J］. Trends in Cognitive Sciences, 2014, 18（7）.

［31］ Liu, P. J. , Dallas, S. K. , Fitzsimons, G. J. A framework for understanding consumer choices for others ［J］. Journal of Consumer Research, 2019, 46（3）.

［32］ Liu, P. J. , Min, K. Where do you want to go for dinner? A preference expression asymmetry in joint consumption ［J］. Journal of Marketing Research, 2020, 57（6）.

［33］ Lowe, M. L. , Haws, K. L. （Im）moral support: The social outcomes of parallel self-control decisions ［J］. Journal of Consumer Research, 2014, 41（2）.

［34］ Lowe, M. , Nikolova, H. , Miller, C. , Dommer, S. Ceding and succeeding: How the altruistic can benefit from the selfish in joint decisions ［J］. Journal of Consumer Psychology, 2019, 29（4）.

［35］ Lu, J. , Xie, X. , Xu, J. Desirability or feasibility: Self-other decision-making differences ［J］. Personality and Social Psychology Bulletin, 2013, 39（2）.

［36］ Luo, X. , Andrews, M. , Song, Y. , Aspara, J. Group-buying deal popularity ［J］. Journal of Marketing, 2014, 78（2）.

［37］ Markus, H. R. , Kitayama, S. Culture and the self: Implications for cognition, emotion, and motivation ［J］. Psychological Review, 1991, 98（2）.

［38］ Mcfarlin, D. B. , Blascovich, J. Effects of self-esteem and performance feedback on future affective preferences and cognitive expectations ［J］. Journal of Personality and Social Psychology, 1981, 40（3）.

［39］ Mogilner, C. , Aaker, J. L. , Pennington, G. L. Time will tell: The distant appeal of promotion and imminent appeal of prevention [J]. Journal of Consumer Research, 2008, 34 (5).

[40] Nijstad, B. A., Oltmanns, J. Motivated information processing and group decision refusal [J]. Group Processes & Intergroup Relations, 2012, 15 (5).

[41] Nikolova, H., Lamberton, C., Coleman, N. V. Stranger danger: When and why consumer dyads behave less ethically than individuals [J]. Journal of Consumer Research, 2018, 45 (1).

[42] Nikolova, H., Lamberton, C. Men and the middle: Gender differences in dyadic compromise effects [J]. Journal of Consumer Research, 2016, 43 (3).

[43] Park, S., Nicolau, J. L. Differentiated effect of advertising: Joint vs. separate consumption [J]. Tourism Management, 2015, 47 (4).

[44] Pennington, G. L., Roese, N. J. Regulatory focus and temporal distance [J]. Journal of Experimental Social Psychology, 2003, 39 (6).

[45] Polman, E., Emich, K. J. Decisions for others are more creative than decisions for the self [J]. Personality & Social Psychology Bulletin, 2011, 37 (4).

[46] Poncela-Casasnovas, J., Gutierrez-Roig, M., Gracia-Lazaro, C., et al. Humans display a reduced set of consistent behavioral phenotypes in dyadic games [J]. Science Advances, 2016, 2 (8).

[47] Rahinel, R., Redden, J. P. Brands as product coordinators: Matching brands make joint consumption experiences more enjoyable [J]. Journal of Consumer Research, 2013, 39 (6).

[48] Ramanathan, S., McGill, A. L. Consuming with others: Social influences on moment-to-moment and retrospective evaluations of an experience [J]. Journal of Consumer Research, 2007, 34 (4).

[49] Ran, G., Zhang, Q., Huang, H. Behavioral inhibition system and self-esteem as mediators between shyness and social anxiety [J]. Psychiatry Research, 2018, 270.

[50] Ratner, R. K., Hamilton, R. W. Inhibited from bowling alone [J]. Journal of Consumer Research, 2015, 42 (2).

[51] Roos, D., Hahn, R. Does shared consumption affect consumers' values, attitudes, and norms? A panel study [J]. Journal of Business Research, 2017, 77.

[52] Schaefers, T., Wittkowski, K., Benoit, S., Ferraro, R. Contagious effects of customer misbehavior in access-based services [J]. Journal of Service Research, 2016, 19 (1).

[53] Schultze, T., Mojzisch, A., Schulz-Hardt, S. Why dyads heed advice less than individuals do [J]. Judgment and Decision Making, 2019, 14 (3).

[54] Shupp, R. S., Williams, A. W. Risk preference differentials of small groups and individuals [J]. The Economic Journal, 2010, 18 (525).

[55] Simpson, J. A., Griskevicius, V., Rothman, A. J. Consumer decisions in relationships [J]. Journal of Consumer Psychology, 2012, 22 (3).

[56] Song, O. Y., Suk, K., Lee, S. M., Park, E. Y. To seek variety or uniformity: The role of culture in consumers' choice in a group setting [J]. Marketing Letters, 2011, 22 (1).

[57] Thau, S., Derfler-Rozin, R., Pitesa, M., et al. Unethical for the sake of the group: Risk of social

exclusion and pro-group unethical behavior [J]. Journal of Applied Psychology, 2015, 100 (1).

[58] Wu, E. C., Moore, S. G., Fitzsimons, G. J. Wine for the table: Self-construal, group size, and choice for self and others [J]. Journal of Consumer Research, 2019, 46 (3).

[59] Yang, L. W., Chartrand, T. L., Fitzsimons, G. J. The influence of gender and self-monitoring on the products consumers choose for joint consumption [J]. International Journal of Research in Marketing, 2015, 32 (4).

[60] Zein, M. E., Bahrami, B., Hertwig, R. Shared responsibility in collective decisions [J]. Nature, 2019, 3 (6).

Joint Acquisition + Joint Use: Literature Review of Joint Consumption

Ran Yaxuan[1]　Li Zhiqiang[2]　Niu Yixin[3]　Chen Siyun[4]

(1, 2, 3　School of Business Administration, Zhongnan University of Economics and Law, Wuhan, 430073;

4　School of Management, Jinan University, Guangzhou, 510632)

Abstract: Joint consumption refers to a kind of consumption in which multiple consumers jointly share the cost and the final product. However, extant literature neglects the basic underlying characteristics of joint consumption (e. g., the key difference between joint consumption and individual consumption). The conceptualization of joint consumption is still unclear. To fully understand the nature of joint consumption, the current research summarizes two major characteristics: joint acquisition and joint use. The current research then systematically reviews findings of joint consumption from three stages—attending stage, decision stage, and evaluation stage. Finally, the current research discusses future research directions in terms of four aspects including divergent effect of joint consumption, psychological bias, new methods, and marketing implications.

Key words: Joint consumption; Group decision; Multiple-people consumption

专业主编：寿志钢